致富方舟

致富方舟

盧燕俐——著

0050+績優基金
躺著賺贏大盤
100%

致勝率最高的布局方式，
長短線都能賺，獲利比你想的多更多！

白金紀念版

方舟文化

兼顧獲利與生活品質，
才是理財王道！

　　距離寫作上一本理財書籍，已經整整超過十五年。這期間，不斷有出版社邀約，希望我再拚一本，可是，每當看到最新暢銷書的封面標題：「學會一條K線變股神」、「一年賺進一千萬」之類的，不免開始怯步。

　　是啊，這種行銷方式不是我的風格。而且，以我在投資界所見所聞，要成為市場贏家，沒有快速的捷徑，也沒有神祕的武功，而是必須勤做功課，找到適合自己的商品與方法，不停練習與精進，才能提高獲勝率。

　　直到 2021 年 5 月，台灣爆發了嚴重的新冠疫情，我和多數人一樣，關在家裡上班。偏偏，我不喜歡追劇，又想起了前英國首相邱吉爾的名言，「不要浪費一次好危機！」於是，我決定把多餘的時間拿來寫書。

　　和預期一樣，寫書真的是一件吃力的事，尤其我又因

視力惡化，臨時置換人工水晶體，不得不延誤寫作進度；但出乎意料的是，書寫本身就是思路的釐清、邏輯的辯證，讓我有機會又重新省思多年來的理財經驗，是否真的足夠與讀者分享，甚至助投資人一臂之力！

就是以這種誠懇的心情，我一篇又一篇的慢慢寫著。不斷提醒自己：不要淪為說教，內容務求淺顯易懂、實務好用！讓理財小白讀完也能輕易上手。

至於書的主題為何是鎖定台股基金，而非台股個股，主要是我認為，茫茫股海中，選股是一門大學問，即使選對股票，進出場時間不對，也有可能賠錢。記得以前在投顧公司服務，同事們彼此最愛開的一句玩笑是，「啊，這檔飆股我有，只可惜，買在最低點，賣在起漲點！」

相較下，操作台股基金，致勝率高多了。先選基金公司，再選個別基金，定期定額搭配單筆方式，時間拉長，通常報酬都不錯。即使是相對高點才進場，花個兩到三年走完一次微笑曲線，獲利都讓人十分滿意。

特別是這兩年，外資不捧場，連連賣超台股，內資卻十分火熱，投信操盤功力了得，2021 年台股科技型基金平均績效高達 46.7％，不僅超越大盤的 25.5％，也完勝 0050 的 21.72％，在全球基金市場裡勇奪冠軍。更別說，無論科技型、一般股票型、中小或店頭型各類型的冠軍，年度績

效都在六到八成之間，讓受益人嘗到了超額利潤的甜頭。

自此，許多從來不買台股基金的人，才驚覺：哇，原來台股基金獲利這麼驚人！與其天天在股市裡翻滾，甚至短線沖來沖去，還不如付一點管理費，讓專業的經理人去拚戰，輕輕鬆鬆兼顧獲利與生活品質，才是理財的王道。

不過，基金的挑選和操作方法，也有一些訣竅，而非閉著眼睛亂買。相信透過這本書，無論新手或初學者，應都能有些收穫。尤其 2022 年，適逢美國聯準會即將展開升息，投資變數多，如何做好準備，迎接升息前後的行情變化，更是當務之急。

最後，再次感謝方舟出版社的耐心等待。一本好書的呈現，最大功臣絕對是辛苦的後製團隊。從主題、封面到行銷，出版社的包容與協助，不在話下，也歡迎各位用實際行動支持，讓好書不寂寞。

CHAPTER 1
【觀念篇】

是的，
0050 最適合理財小白

· ·

「國民 ETF」0050 內含台灣市值前五十大企業，與大盤連動性強，能有效賺取台股大盤的循環財，獲利機率高。搭配定期定額，每月最低 1000 元就能進場，可說是小資族長期布局的首選。但若你想賺取超額利潤，可別忘了搭配台股基金喔！

· ·

「什麼是世界上最強大的力量？是複利。」

——愛因斯坦（Albert Einstein）

① 買 0050 最簡單，賺大盤循環財！

　　0050 已成「國民 ETF」，最近這兩年，即使到校園演講，提到 0050 和 0056，連大學生都點頭如搗蒜，火紅的程度可見一斑。

　　其實，0050 與 0056 都只是代號，就如同台積電的代號是 2330 一樣，其中，0050 的全名是「元大台灣卓越 50 證券投資信託基金」，0056 則是「元大台灣高股息證券投資信託基金」，由於全名太長，許多投資人乾脆以代號來稱呼。

　　無論是 0050 或 0056 引爆投資風潮，主要是因為，這兩者都隸屬 ETF（指數股票型基金），連結的是一籃子股票，可讓投資人免除選股的煩惱，且交易稅只要千分之一，僅是股票的三分之一，具有交易成本的優勢。

○ 選擇困難？ 0050 定期定額買免煩惱

目前台灣可以買到的 ETF 種類相當多元，包括：市值型（如 0050）、產業型（如半導體 ETF）、主題型（如高股息 ETF）、商品型（如石油 ETF）……等，看得小資族眼花撩亂。

如果真的沒有概念，也不知如何挑起，最簡單的理財方法，就是定期定額買 0050，且持續買進，逢高停利，大跌再加碼。因為 0050 一次網羅台灣市值最大的五十家公司，包括：台積電、聯發科、鴻海、聯電等等，以撰文日 2021 年 8 月底來計算，買一張台積電要花 58 萬元、一張聯發科要 91 萬元，小資族鐵定沒那麼多預算，不如買一張 0050，要價 13.6 萬元，就能同時讓全台最厲害的 50 家公司幫你賺錢，何樂而不為？

當然，一張 0050 要 13.6 萬，多數小資族依舊備感壓力，也會擔心短線套牢的問題，每月定期定額扣款，便成了最佳方式，由於券商競爭相當激烈，現在定期定額的資金門檻，甚至已降低到每月 1 千。

每月 1 千元，跨出理財的第一步，是我向來的主張。因為唯有管理好小錢，才有能力管理好大錢，將每月扣款金額進一步提升到 3 千、5 千，甚至 3 萬、5 萬元，將本金與獲利越滾越大。

◎ 0050 的三大優勢

我會推薦把 0050 納入讀者的核心買進名單，而不是其他類型的 ETF，主要基於幾個理由：

❶ 0050 賺的是大盤循環財：

這幾年，游資氾濫，投信發行各類 ETF，投資人也很買單。但 0050 屬市值型 ETF，績效表現與大盤接近，半導體股占一半、金融股占一成，還有塑化、航運和鋼鐵等其他傳產股，配置較為均衡與多元，相較於產業型的 ETF，如半導體、電動車等，有過度集中的現象，布局 0050 的好處就是，賺的是大盤循環財，而不鎖定單一產業，雖不易爆漲，但也不易暴跌。

什麼叫做「大盤循環財」？就是只需參考與追蹤大盤指數，不必在乎個別類股，因此，我才會一直強調，對類股輪動沒概念、不會選股，只想跟著大盤發財的人，買 0050 就對了！

從 2003 年發行以來，至今十八個年頭，0050 只有 2008 年金融海嘯那一年，績效重挫 43.10％，以及 2011、2015 和 2018 這三年分別修正 5％到 15％之外，其餘十四年都是正報酬（詳見下頁圖表），顯示台灣企業家與勞工們的共同努力成果，反映在股市的長期趨勢向上。

0050 只有 4 年負報酬

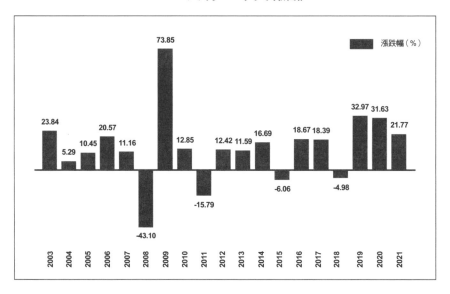

年度	漲跌幅（％）	年度	漲跌幅（％）
2003	23.84	2013	11.59
2004	5.29	2014	16.69
2005	10.45	2015	-6.06
2006	20.57	2016	18.67
2007	11.16	2017	18.39
2008	-43.10	2018	-4.98
2009	73.85	2019	32.97
2010	12.85	2020	31.63
2011	-15.79	2021	21.77
2012	12.42		

資料來源：晨星

❷ 0050 也有配息，還勝定存：

買 0050 是為了賺長期價差，而不是為了賺配息。但不可諱言，領到利息多一份開心。0050 歷年來平均現金殖利率為 3.41％，遠比一年期定存利率 0.7％還要高，儘管每年填息速度不同，但歷年平均填息日二十八天，讓不少投資人滿意。

❸ 也需考慮流通性問題：

ETF 的規模越大，流通性越好，無論想買或賣，才不會有行無市。所有台股 ETF 裡，0050 的規模最大，至 2021 年 12 月底，已來到 1769.54 億元，其次是 0056，規模也有 1137.83 億元，年增分別超過 600 億與 400 億元，都遠超過排名第三的國泰台灣 5G+（代號 00881），以及排名第四的國泰永續高股息（代號 00878），兩者規模約在 350 億元上下。

也難怪，0050 常成為外資法人布局台股的首選，而 0056 也因高配息的特色，廣受退休族與小資族的喜愛。

有些新發行的 ETF 雖具話題性，但成交量能不足，規模也不夠大，想當核心資產長期持有，就不見得那麼適合。除非發行的投信公司，企圖心強烈，願意多砸預算造市，活絡交易量，否則，0050 還是理財小白們的首選。

② 0050 比 0056 更具長期累積財富效果

「燕俐老師，我有聽你的話，定期定額買 ETF，但是我覺得 0050 太貴了，淨值居然已經超過 100，不像 0056 淨值還不到 30，看起來更具漲相！」2020 年夏天，一位年輕小資族在理財論壇結束後，特別留下來跟我聊聊他的心得。

但是，我忍不住直搗問題的核心，「既然採取的是定期定額，又不是單筆買，就不必在乎淨值高低，反正每月投入的金額都一樣，應該在乎的是，到底 0050 還是 0056，哪一檔才能長期創造更好的報酬率。」

○ 淨值低不等於上漲機會高！

被我這一問，帥帥的小資族一時語塞。我才發現，原來，很多理財新鮮人誤以為 ETF 的淨值越低，就表示未來上漲機率越高，必定是定期定額的首選。這可是大大的錯誤！

事實上，年紀越輕，就越該以 0050 為主要投資標的，因為數據已顯示，0050 累積財富的效果，要比 0056 好太多。就過去十年績效來看，統計至 2021 年 9 月 28 日，0050 的單筆績效是 276.43%，遠勝 0056 的 139.40%，即使把兩者歷年平均現金殖利率差距約 2% 加進去，0050 的十年總績效，還是大勝 0056 約 100%。

十年下來，報酬率差一倍，相信投資人都很有感！如果採取定期定額方式，績效依然有落差。十年來，0050 的年化績效是 9%，自 2003 年 6 月成立以來則是 6.81%，相較 0056 的年化績效 5.51%，以及 2007 年 12 月成立以來的年化績效 5.17%，都是呈現「完勝」的狀態。（詳見表）

0050 與 0056 績效比較

ETF 名稱	0050	0056
10 年單筆總報酬（%）	276.43	139.40
10 年定期定額總報酬（%）	136.67	71.00
5 年單筆總報酬（%）	131.12	72.81
5 年定期定額總報酬（%）	73.35	38.89
3 年單筆總報酬（%）	76.07	44.20
3 年定期定額總報酬（%）	54.14	24.73

資料來源：基智網／統計日期：2021 年 9 月 28 日

● 原理有差異，讓 0056 易遇亂流

兩者績效有落差，主要還是在於 ETF 設計原理的不同。0050 內含台灣市值前五十大企業，與大盤連動性強，透過定期定額方式，賺取台股大盤的循環財，獲利機率高；相較之下，0056 追蹤「台灣高股息指數」，以台灣 50 與台灣中 100 共一百五十檔股票作為採樣母體，預測未來一年現金股利最高的三十檔股票，當作成分股，再採現金殖利率加權。

然而，0056 可能面臨的窘境是，未來的高配息，並不能保證明後年的 EPS 與股價同步成長，尤其前十大持股又恰好選到景氣循環股時，帳面配息看似不錯，但一旦遭逢景氣反轉，股價下修壓力大，0056 的短期績效大多跟著下滑。

就以 2021 年為例，由於長榮與友達獲利三級跳，投信公司預估這兩檔 2022 年的配息將大成長，因而納入 0056，截至 8 月底，持股比重位居前兩大，分別是 6.80％與 4.09％，偏偏到了第三季，航運股利多不漲，面板股則隨報價反轉股價重挫，0056 也非常罕見的出現了三個月單筆績效 -5.87％（同樣以 9 月 28 日為統計基準），讓不少剛進場的小資族叫苦連天。

值得關注的是，0056 的三個月單筆績效 -5.87％，但定

期定額的績效虧損縮小到 -2.84%，這也說明了，在行情動盪或大幅修正時，定期定額較能凸顯耐震的優勢，更是理財新鮮人累積財富的好幫手。

因此，建議讀者，除非是對高配息率有執著，否則，只要是預算有限，只能鎖定一檔 ETF 長期布局，毫無懸念，0050 必是首選！

至於 0056 淨值較低，單買一張目前約 3 萬元出頭，比起 0050 一張的 13 萬多元，價格不到三成，單筆介入，資金門檻確實比較低，但進場時機與停利策略，又是另外一門學問了。

3 0050 要單筆或定期定額買？

「許多專家都推薦理財新鮮人買 0050，可是，我持有半年，不但沒賺，還賠了 2％多，是我太心急了，還是定期定額會比單筆安穩呢？」台股自 2021 年 7 月衝破 18000 點之後，就開始陷入整理，短線套牢的小白們，急著在網路上發文，尋求逆轉勝的方法。

0050 ETF 連結台灣市值前五十大企業，比買進單一個股風險低，但畢竟仍屬股票型理財商品，依投信投顧公會歸類，風險報酬等級位居最高的「RR5」，如果以為 0050 波動低，且穩賺不賠，那可就誤會大了！

○ 單筆買入 VS 定期定額

0050 到底該單筆買，還是定期定額？我的建議是，如果對波段行情非常有把握，就單筆買進，利潤較高；但如

果對行情缺乏判斷，定期定額還是最佳的致勝方法。

以這位網友的情況，2021年4月單筆進場，到10月中旬，還小賠2％，但如果是採定期定額方式，報酬率是正的0.77％，也許大家會說差距並不大啊，可是，理財的路上，充滿了各種人性的考驗，有人負2％就開始焦慮，也有人負10％之後就決定停損，而一旦停損，常常反彈行情就來了，等於又停損在相對低點。

尤其台股走了多年多頭，每一次的回檔速度都很快，投資人能否安然耐震，也充滿了挑戰。就以近兩年來說，2020年1月初，0050的價位在98.04，遇到了全球新冠疫情，到了3月中，迅速跌到只剩下69.1元，波段跌幅近三成。

再來，假設過去都沒有勇氣參與0050，直到2021年1月下旬142.5元才進場，歷經衝高到142.85元，又回到了10月底的136元，小虧4.5％，難免會擔心下一步到底該怎麼做。

○ 單筆進場靠「閒錢」

表面上看，長期績效依舊是單筆勝於定期定額（詳見下頁表），以十年績效為例，單筆績效高達266.34％，比定期定額的131.57％，整整多出135％，試問：十年多賺一倍，有誰不心動？

　　再看 2003 年 6 月成立以來的績效，單筆高達 564.54％，又遠勝定期定額的 226.79％，十八年來，差距更多達了 338％。然而，就如前所述，單筆買進不是不好，而是能否克服人性，在行情回檔時不殺低。

0050 單筆與定期定額績效比較

績效 （％）	6 個月	1 年	3 年	5 年	10 年	成立 以來
單筆	-0.7	31.92	91.33	122.32	266.34	564.54
定期 定額	1.10	6.53	49.77	68.67	131.57	226.79

資料來源：基智網／統計日期：2021 年 10 日 21 日

　　因此，如果一心想要長期靠 0050 賺錢，又希望單筆進場，還能避開未來短線回檔的錯賣，最好的辦法，就是用閒錢買。因為用閒錢買，心裡壓力較輕，萬一 0050 大跌，也才不至於驚慌失措。

　　至於什麼叫做閒錢，這就牽涉到每個人的資產配置與風險承受度，一般而言，就是指長期不會動用到的錢，即使出現短期虧損，也不會影響資金周轉和生活品質，伴隨著空頭或修正行情的結束，0050 放越久，賺錢的機率就越高。

也就是說，並非不能單筆進場，而是要在資金比重拿捏好，唯有當財務負擔不大，即使短線套牢，也才能耐住性子，度過每一次的震盪與風暴。

理財筆記

什麼是 RR5 ？

投信投顧公會依基金類型、投資區域，或投資產業與標的，將基金風險報酬等級，由低到高，區分為 RR1、RR2、RR3、RR4 和 RR5 共五個等級，簡單來說，單一國家的一般科技型或中小型基金，被歸為 RR5，全球一般科技型被歸為 RR4，全球投資等級債基金則歸為 RR2。

0050 與 0056 目前都隸屬 RR5，顯示波動幅度都不低，建議讀者買進前，仍應對自身風險承受度有所認知。

除了 0050，
也可考慮 006208

0050 有個雙胞胎，代號是 006208，全名是「富邦台灣采吉 50」，簡稱是「富邦台 50」，看到「台 50」這幾個關鍵字，即使是理財初學者，應該會不由自主產生聯想：006208 跟 0050 大有關係吧！

沒錯，006208 跟 0050 一樣，追蹤的都是台灣 50 指數，也就是挑選台灣總市值前五十大的公司，作為成分股，換句話說，看好台股長期趨勢，又想免除選股的煩惱，除了 0050 之外，也可以考慮布局 006208。

○ 報酬率接近的雙胞胎

問題來了，兩者雖是雙胞胎，但總是有些差異吧？投資人到底該怎麼選擇呢？簡單來說，最大的差別在於，發行的投信公司不同，0050 是元大投信，006208 是富邦投信，

前者歷史較悠久，自 2003 年 6 月就成立，後者較年輕，2012 年 6 月才成立。

所以，隨著台股指數往上攻，0050 也從掛牌價的 36.98 元，漲至 2021 年 9 月的新高 142.85 元；006208 也從發行價 30 元，漲至 2021 年 9 月新高 82.02 元。

這就是如果單單只看淨值，有些專家會推薦 006208 的原因，畢竟對預算比較有限、又想單筆買進的人來說，買一張 0050 要 10 多萬元，但買一張 006208 只要 8 萬元，價格比較親民。

但其實，如果是採取定期定額，就無需在乎淨值價位，因為無論是每月扣款 3 千元、5 千元或 1 萬元，扣款總金額一樣，最終報酬率也接近，就不需在要買 0050 或 006208 之間徘徊不已，單看個人偏愛的是元大或富邦投信。

○ 差異只在交易成本和流通性

請注意，上段我提到的關鍵字，「最終報酬率也接近」幾個關鍵字，而不是用「最終報酬率也一樣」的字眼，確實是因為，儘管兩者都同樣追蹤台 50 指數，但因為交易成本有些微的差異，導致兩檔 ETF 在績效上，產生了很細微的差別。

舉例，2020 年 0050 的績效高達 31.14％，006208 則是

31.71％，小勝 0.54％；再往前一年，2019 年，0050 的績效是 33.52％，006208 則是 33.59％，也差了 0.07％，主要就是來自交易成本的總內扣費用略有不同。

根據兩家投信資料顯示，2020 年的總內扣費用，0050 是 0.43％，006208 則是 0.36％，而 2019 年 0050 同樣是 0.43％，006208 則是 0.34％，我個人認為，其實差別真的不大，但有些投資人認為，多賺 1 元是 1 元，會傾向選擇 006208。（詳見下表）

0050 與 006208 的差異比較

ETF 名稱	元大台灣卓越 50	富邦台灣采吉 50
代號	0050	006208
上市日期	2003.6.25	2012.6.22
追蹤指數	台灣 50 指數	台灣 50 指數
規模 （2021 年 9 月底）	1683.29 億元	158.10 億元
總內扣費用 （2020 年）	0.43％	0.36％
受益分配	半年配	半年配

資料來源：元大投信與富邦投信／整理：盧燕俐

不過，也由於 0050 歷史悠久，整體規模已衝高到

1683.29 億元，是外資主要進出標的，對照下，006208 規模只有 158.10 億元，差距甚大，所以，資金雄厚的中實戶，如果要買台灣 50ETF，傳統上還是先優先選擇成交量大、進出更方便的 0050。

俗話說，「青菜蘿蔔各有所好」，到底該選 0050 或 006208，就看偏愛哪家投信了。

理財筆記

什麼是總內扣費用？

買賣任何理財商品，都需要交易成本，ETF 也不例外。根據投信投顧公會資料顯示，ETF 的總內扣費用，包含：手續費、交易稅、經理費、保管費、保證費與其他費用（雜支），這些費用會從淨值中扣除，多數投資人並不察覺，唯有掌握這些真實費用，才能理解真實的總交易成本。

由於每家投信公司規定不一，總內扣費用也不一樣，有興趣的讀者，可上投信投顧公會網站進一步完整查詢。

只買 0050 還不夠，
想要超額利潤，
得靠主動型基金

「老師，聽完妳的課，我覺得很困擾，坊間很多書籍，都說閉著眼睛買 0050 和 0056 就對了，為什麼還需要買台股基金？這兩者之間到底有什麼不同？」每次演講完，都有一堆人提出類似的問題。

好，我先給大家結論，「如果你不會選基金，買 0050 可以賺取貼近大盤漲幅的報酬；可是，如果你比較貪心，想要有超額利潤，就必須透過主動型的台股基金，讓厲害的基金經理人來幫忙選股！」

這段結論，有幾個重點，可以分拆解釋。首先，「買 0050 可以賺取貼近大盤漲幅的報酬」，意思是，0050 是台灣成立最久的 ETF（指數股票型基金），成分股內含台灣市值前五十大的公司，包括：台積電、聯發科、鴻海、台達電、聯電等，電子、金融與傳產類股皆有，只要看好台

股長期趨勢，又不懂得選股，那麼，買0050確實是不錯的選擇。

○ 0050 報酬貼近大盤指數

舉個例子，就2016到2021年，這六年來看，0050有三年小勝大盤指數（詳見表1），三年則小輸，但其實落差不大，買0050幾乎等同買進大盤指數。主要就在於，0050這類ETF屬於被動型基金，漲跌幅與所連結的指數和成分股相呼應。

表1 0050 績效貼近大盤指數

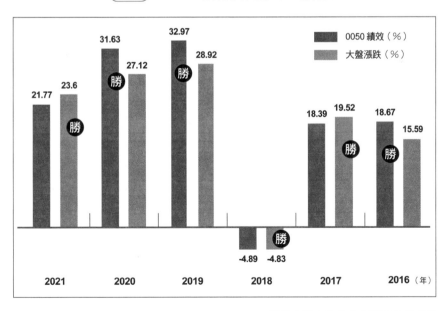

資料來源：晨星與台灣股市資訊網

可是，主動型的台股基金就不一樣了，每家基金公司與經理人各有不同的操盤風格，透過團隊拜訪上市櫃公司，經過深入討論，並評估企業投資價值，希望藉由主動選股，來打敗大盤、打敗同類型基金，替投資人創造更好的績效。而這，也就成了主動型與被動型基金最大的差別。

所以，我前面才會說，「如果比較貪心，想要有超額利潤，就必須讓厲害的基金經理人來幫忙選股」。尤其台股在漲破 15000 點之後，類股輪動快速，傳產股當家，對傳產股不熟悉的投資人，極有可能看對指數，賠了價差。

○ 績優基金彰顯團隊功力

再以主動型台股基金五年績效第一名，安聯台灣智慧基金為例，2016 到 2021 年，只有 2016 年小輸 0050，其餘五年全都完勝，更別說 2019 年單年，獲利居然是 0050 的二・四倍。這就顯現出基金經理人和團隊的操盤功力！（詳見表 2）

建議讀者，在買進基金之前，不妨多做一下功課。畢竟套句我常說的，「雖然過去績效不保證未來績效，但如果過去績效都不好，投資人怎能放心把錢交給基金公司呢？」

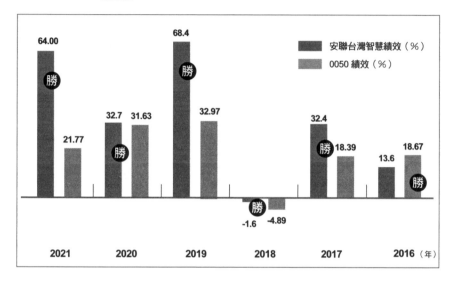

表2 績優基金績效常能打敗 0050

安聯台灣智慧績效（%）
0050 績效（%）

2021： 勝 64.00 | 21.77
2020： 32.7 勝 31.63
2019： 勝 68.4 | 32.97
2018： 勝 -1.6 | -4.89
2017： 勝 32.4 | 18.39
2016： 13.6 | 18.67 勝

（年）

資料來源：安聯投信與晨星

　　另外，如果真的對 0050 情有獨鍾，也對自己選基金的能力不是非常有把握，不妨同時布局 0050 與台股基金，將資金分別配置一半，如此一來，不僅能穩健地賺到指數行情，也有機會獲得超額利潤。

　　站在實務面，買台股基金還有個 0050 比不上的優點，就是一旦行情劇烈波動，0050 盤中隨時都能觀看價位，極有可能因一時情緒干擾，就錯殺在低點；相較下，台股基金最新淨值當天傍晚左右才能獲知，無論要停利或停損，都是隔天才能進行，此時，情緒已逐漸回歸理性，較能進

行正常的判斷。

　　所以，總結來說，0050 依舊深具投資價值，但想要超額利潤，還是得靠長期績優的台股基金。至於如何選到長期績優的台股基金，請容本書後續說明。

0050 搭主題型 ETF，如 5G 或半導體，難道不好嗎？

「存股」成為顯學，不分股齡，大家都想買到會「一暝大一吋」的好股，長期存起來。有意思的是，根據集保結算所統計，二十到二十九歲的年輕股民，除了存金融股之外，「存 ETF」也成為新風潮，與十多年前年輕股民只愛存電子股，大相逕庭。

我的解讀是，電子股股價波動大，尤其帶有景氣循環色彩的電子股，長期存下來，討不到什麼便宜，甚至還大賠，像集保揭露的十年前存股前二十大名單，友達和奇美電位居前五名，已破產下市的勝華與華映，居然也名列第十三和十九名。

電子產業變化迅速，十年河東，十年河西，當代的理財小白，即使買股經驗不豐富，但收集資訊能力強大，也體認到與其單壓單一電子股，不如存配息佳的金融股與 ETF。

◎ 超額利潤，基金比 ETF 更有機會

隨著股民的熱烈捧場，投信發行 ETF 也越來越多元，包括：產業型的 ETF，如電動車、半導體、5G，主題型的 ETF，如 ESG、高息 ETF 等等……讓人看了眼花撩亂，不知該如何入手。

就曾有粉絲提問，「燕俐老師，妳總是說 0050 長期績效穩定，適合當核心資產，那麼，衛星資產用產業型 ETF 來搭配，豈不更完美？為何一定要搭配主動型的台股基金呢？」

其實，這個問題見仁見智，喜愛 ETF 的人，可能會把所有資金都布局在 ETF 商品；喜歡買基金的人，則可能把資金分散在股票型、平衡型與債券型各類基金，而不會跨足到 ETF。

我是個願意多方嘗試各種理財工具的人，多年下來，我發現，ETF 最大優點是獲利持穩，而這兩年新發行的產業型 ETF，在多頭時代，績效也不錯，但如果想要有超乎預期的利潤，往往只有台股基金能帶來驚喜。

例如，2020 年底掛牌造成轟動，讓小資族力挺的國泰台灣 5G Plus ETF，代號 00881，若以 2021 年 9 月底為計算日，半年績效是 -0.67％，略輸大盤指數的 3.07％，相較下，各類基金獎常勝軍的統一黑馬，同期間締造了

15.58%的獲利。

　　5G 產業是明日之星，相關台廠供應鏈的競爭力，也值得期待，相信 00881 未來淨值也能步步高升，但我想特別說明的是，台股基金績效強弱差很大，如果能挑到績優的台股基金，搭配著 0050 來長期持有，相信獲得超額利潤的機會也比較大。

○ 挑對基金，打敗大盤不是夢！

　　讀到這兒，可能有的讀者會反駁，「00881 太年輕，拿來和長青的台股基金比較，似乎不太公平！」不然，就拿台股 ETF 的十年績效王「富邦台灣科技」ETF，代號 0052，來進行評比好了。

4 檔人氣台股 ETF 績效比較

ETF 名稱	半年績效（％）	5 年績效（％）	10 年績效（％）
0052	-2.86	214.79	457.29
0050	-2.28	122.77	249.85
0056	-7.92	73.16	125.46
00881	-2.40	——	——

資料來源：基智網／統計日期：2021 年 10 月 28 日
說明：績效統計不含配息／整理：盧燕俐

　　至 2021 年 10 月 28 日止，0052 的十年績效高達 454.39％，遠勝 0050 的 251.27％，可是，到 9 月底的半年績效也不夠理想，是 -1.46％，主因還是出在最大持股台積電身上，占比將近六成，當台積電股價陷入盤整，以台積電為重要成分股的相關 ETF，績效就容易受到壓抑。（詳見表）

　　而多檔長青型台股基金，除了前述統一黑馬，還有安聯台灣大壩、國泰小龍等等⋯⋯都繳出半年 10％到 20％的優異成績，說明了只要基金經理人懂得選股，能夠靈活操作，遠勝大盤真的一點都不困難！

CHAPTER 2

【迷思篇】

台股基金
獲利比你想的還要多

· ·

許多投資人都誤以為台股基金表現「很溫吞」，其實不然。以五年時間來看，台股大盤五年漲 93.22％，成立超過五年的七十二檔一般股票型基金，有五十五檔績效超過 100％，換句話說，就五年來看，買台股基金賺贏大盤的機率超過七成，更別說當中有七檔，獲利超過200％，等於比大盤多賺一倍。

· ·

「華爾街是靠不斷交易來賺錢，

你則是靠不動如山去賺錢。」

——華倫·巴菲特（Warren Buffett）

績優台股基金五年獲利 200%，賺贏大盤一倍

「哇，有沒有搞錯，台股基金居然可以一年賺 80％到 90％，比我每天在股市裡沖來沖去，要來得輕鬆自在，也能穩健獲利！」過去，許多瞧不起基金，誤以為台股基金表現「很溫吞」的人，看到近年亮麗的績效，幾乎是不敢置信。

沒錯，就先以本文撰寫日 2021 年 6 月 7 日，作為統計，在一○六檔一般股票型基金當中（基金類型分析，請見 3-1），就有四十六檔績效高達 50％以上，勝過大盤同期的 49.47％，假設再扣掉發行不到一年的十四檔，剩下九十二檔，等於一半左右的基金，獲利超過整體大盤。

其中，更有十檔，投報率超過 70％以上，賺贏大盤兩成。如果讀者覺得這只是偶然，不妨將時間點拉得更長，來看五年績效好了。

◯ 七檔基金，五年獲利翻兩倍

大盤五年漲 93.22％，成立超過五年的一般股票型基金則有七十二檔，當中有五十五檔，績效超過 100％，換句話說，就五年來看，買台股基金賺贏大盤的機率，超過七成，更別說當中有七檔，獲利超過 200％，等於比大盤多賺一倍。（詳見表）

讀到這兒，或許有人會說：「啊，燕俐舉的都是績效好的例子，總也有績效差的例子，為何我手上的基金偏偏就賺的比較少？」必須承認，有少數基金確實長期表現落後，同樣以五年為計算標準，就有九檔基金績效還不到 80％，遠遠落後大盤，但整體占比也不過一成多。

也就是，同樣是台股基金，績效好壞差很大，但只要懂得挑選，透過系統性的方法，找出績優基金，那麼，利潤超越大盤，甚至比大盤多賺一倍，並不困難；難的是你不願學習，或者心存僥倖心態，明明買了一支績效殿後的基金，卻期待奇蹟發生，想著下個月就能逆轉勝，但往往事與願違。

因此，如何挑選出績優的台股基金，把獲利極大化，正是本書想傳達的理念和方法。請容許我再做一個生活化的比喻，相信理財小白就能理解。

台股一般型股票基金 5 年績效排行

基金名稱	5 年績效（%）	1 年績效（%）
安聯台灣智慧	284.63　冠軍	54.36
安聯台灣大壩	272.09	54.46
群益長安	216.86	79.44
統一台灣動力	215.75	51.13
統一黑馬	211.18	88.75　冠軍
野村優質	210.81	85.37
統一全天候	202.03	67.94
同期大盤指數	93.22	49.47

資料來源：各投信／統計日期：2021 年 6 月 7 日

○ 操作基金需要系統性方法

買台股基金，某種程度像是買牛肉麵。台灣牛肉麵店多達數萬家，清燉、紅燒、番茄等等，各有不同風味，若不知如何挑選，很多人會上網查查美食評鑑、得獎名單，甚至米其林推薦，儘管個人口味標準不一，但至少榜上有名的店家，都能保有一定水準。

買台股基金過程也類似，最忌諱的就是單看廣告或憑直覺就下單，基金的短、中、長期績效如何？波動度是否符合自身的風險承受度？基金公司的團體作戰能力強弱……等

等相關細節，確實有諸多參考的價值。

　　而當買進基金之後，發現績效不如預期，甚至逐季往下掉時，就應思考是否該轉換標的；就好比買了一家鄉民激推的牛肉麵，吃進肚子之後，發現名過其實，下次是否要再光顧，也許就會有不同選擇。

　　所以，選基金確實是一門學問，需要一些真功夫。透過這本書，我會把自己多年來操作台股基金的心得，跟大家分享。希望讀者能夠透過更系統性的方法，精準選到厲害的台股基金，幫自己和家庭累積更多財富！

台股已萬七，
現在才進場買台股基金
還來得及嗎？

2017年下半年，台股剛站上萬點，錄影時，有位藝人問我，「姐，我想定期定額買台股基金，妳覺得可以嗎？」我很熱心的回答，「當然可以啊，只是台股基金個別績效差異大，要花點時間挑選。」

我當下給了她幾檔長期績優的名單，讓她回家思考。幾個月後，又遇到她，她主動說，「姐，台股基金我還沒買，因為大盤漲太多了，我想等拉回到9000點以下再買。」

後面的故事，我想，大家應該都猜得出來，大盤確實曾經拉回，也一度因遭遇新冠疫情，2020年從12000點重挫到8500點。可是，這位藝人始終沒進場，因為當大盤真正拉回時，她以為還能等到更低點，就這樣等啊等的，台股站上了17000點。

○ 定期定額隨時可進場

話題拉回來，每次有人問我，「現在可不可以進場，定期定額買台股基金？」我都會開玩笑地說，「當然可以，而且最好是明天去開戶，後天去下單；定期定額隨時可以進場，關鍵只在於如何選到厲害的基金。」

這句話雖然有點玩笑成分，但必須釐清的是，定期定額無須買在最低點，即使高點進場，只要透過「微笑曲線」方法，走完台股一次多空循環，那麼，這次高點進場，下次高點才出場，獲利依舊十分驚人。（有關微笑曲線更完整說明，請見 6-1）

○ 用微笑曲線度過股災

我曾分享過親戚買台股基金的故事，2000 年 2 月，台股衝高到 10393 點的高點，當時，全台一片投資熱，連我服務的財經媒體，工讀生也能對股票名稱和技術線圖朗朗上口，更別說，投信也掀起了募集台股基金的熱潮。

我的親戚在理專推薦之下，於 2000 年 4 月，買了新發行的台股基金統一大滿貫，當時大盤指數仍在萬點，新基金淨值 10 元，但隨著台股崩盤，2001 年 10 月，一路重挫至 3411 點，這檔基金淨值最低也來到 2.88 元。

天啊，2.88 元，等於大跌七成多，如果是單筆買進，

恐怕在淨值 7 到 8 元附近就停損。可是，親戚就是一般菜
籃族，捨不得停損，對帳單看得似懂非懂，隱約知道自己
賠錢，但不確定到底賠多少，就每個月定期定額扣款 5000
元，持續不中斷。

直到 2007 年，親戚需要用錢，打算整筆停利贖回，便
請我幫忙看對帳單，我依稀記得最後一次扣款日，基金淨
值已來到 12 元多，看到累積報酬率，我也嚇了一大跳，居
然超過 100%。這時，我才真正見識到定期定額的威力！
（詳見圖）

因此，真的不懂看盤，沒關係，買績優台股基金，每

高點才買基金，更需透過微笑曲線

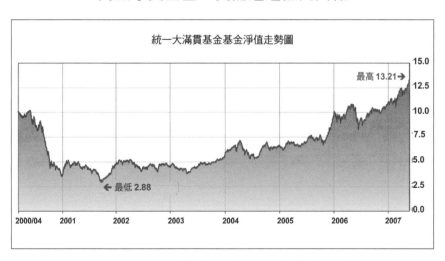

資料來源：基智網／資料時間：2000/04/10 ～ 2007/5/31

一天都是適合的扣款日，只要確定戶頭有錢就好；也無需等待低點，因為透過定期定額，低點來了，一定能買到。

○ 單筆才需要買在低點

只有一種人，需要等低點買，那就是習慣單筆操作的人。選到剽悍的基金，單筆進出，確實可以賺到波段行情；但對於一般上班族和小資族來說，定期定額還是最穩健的策略。

只是，再次提醒大家，站在目前時點，台股都已上萬八，採取定期定額方式進場，仍需做好重大心理建設，就是：萬一，現在進場恰好是高點，未來大盤若回檔 20％，也是正常合理現象（畢竟，台股從 8500 漲至 18000，都已大漲一倍，回檔十分正常），當績優基金淨值往下掉時，要有持續扣款的勇氣。

同時，更積極的人，還能搭配單筆加碼，進一步將報酬率墊高。憑藉耐心與毅力，等待下次高點的出現，那麼，你就能成為台股基金的長線贏家！

理財筆記

什麼叫做微笑曲線

想像一下,當我們大笑時,露出潔白的牙齒,及弧度漂亮的曲線,這就是微笑曲線。

運用在基金理財上,微笑曲線指的是,每月扣款金額固定,當基金淨值往下掉時,同樣金額反倒可以累積更多的單位數,等淨值反轉向上,不僅能解套,甚至有機會賺更多。

透過微笑曲線,就能走過一個投資市場多空循環的週期,真正發揮攤提成本、分散風險並累積財富的效果。

存台積電好，
還是存台股基金好？

　　曾有粉絲問我，「專家都說『台灣最值得投資的公司就是台積電』，既然如此，我就乾脆每月定期定額買台積電就好，幹嘛投資台股基金呢？」

　　在回答這個問題之前，且讓我說一個有點類似天方夜譚的故事。今年過年後，與同學聚會，他開心的提到，「這輩子從沒料到，股票會幫我賺那麼多錢！」原來，2000 年時，當台積電大漲到 200 多元，他聽到許多分析師都在推薦台積電，他也買進了兩張。

　　然而，不久後，台股崩盤了，台積電在 2002 年最慘時，股價曾來到 34.9 元，之後起起伏伏，甚至在 2008 年金融海嘯，又再度跌破 40 元。同學因忙於海外工作，就忘了他擁有這兩張股票。

○ 買台積電從兩張變五張

直到 2021 年初，台積電創下 679 元歷史新高，他回台灣，許久沒聯絡的營業員，主動找上他，跟他聊起這件事，他才發現，「哇，真是天上掉下來的禮物，原來我是台積電的股東，一張還賺了 40 多萬。」

更誇張的是，同學去查證券戶頭，驚覺配股加上配息，當年的兩張，居然已經變成五張。也就是，當年買台積電花的 40 萬元，現在已經變成了 300 萬元資產，獲利高達七點五倍！

我跟同學坦承，「我也是台積電的小股東啊，可是，來來回回操作多次，沒抱那麼久，也沒賺七點五倍；周遭在金融業服務，有買台積電的人，也沒聽說一放可以放超過二十年的。」

倒不是我們這群專家都是「遜咖」，而是我們操作股票，都謹守停利停損原則。就我觀察，實務上，買單一個股會大賺五倍以上的，通常只有兩種情況，第一，公司大股東，對產業發展趨勢瞭若指掌，且對自家技術超有信心；第二，有福報，買了就忘記它，心中無股價，即使遇到股災也不怕，願意用時間換取股價。

○ 有產業競爭力才能存股

台積電大漲，誰賺最多？應該還是台積電創辦人張忠謀先生，他退休前就持有台積電 12.5 萬張，假設至今都沒賣，以 2021 年第一季來說，光是股利，就有 3.43 億元入袋。

張忠謀最清楚台積電的競爭利基，持股信心自然不同於一般散戶，而要找到這種可以用時間換股價，適合長期存股的股票，鐵定是全球產業地位無人能取代，且技術續保領先，進入門檻超高，獲利最好又年年成長。

坦白說，要同時符合這些條件，在台灣還找不到幾家公司。就連 2021 年 4 月，張忠謀先生在出席論壇時，也直言，「要再打造另一座護國神山，難！」 台積電的成功，有天時、地利與人和因素，單是人和部分，**台灣有大量優秀且敬業的工程師，非他國可以媲美。**

至於台積電股價，未來是否真能挑戰外資喊出的目標價 1000 元，相信沒人能拍胸保證，畢竟影響股價的變數很多，像是：整體產能供給、全球景氣變化、外資持股信心等等。

正如一位曾是四大基金操盤人的朋友，私下跟我聊天時做的比喻，「2020 年買台積電的人都賺錢，2021 年買的人通通套牢！堅持到 2022 年 1 月終於解套」股價領先基本面，也往往在各界樂觀中開始反轉，要精準掌握波段行情，

沒想像中簡單。

○ 基金避免押錯單一個股

　　所以，若是預算有限的小資族，現階段到底該存台積電，每月固定買一點零股，還是定期存台股基金？我想，如果是對台積電有信心，對半導體產業頗有概念，甚至本身就是從業人員，存台積電零股，應是可行的方式。

　　但倘若對產業、對股價、對加減碼時點，都缺乏敏感性，選擇績優的台股基金，讓優秀的經理人幫忙選股，比較能避免追高殺低，也較能分散風險。

台股基金交易成本太貴？
錯，很多平台
手續費都打一折

曾有個財經網紅跟我說，「姐，妳不覺得台股基金交易成本很貴，動不動就3％到5％，根本不划算，還不如買ETF比較實在！」我聽了之後十分訝異，也才驚覺，原來很多人對台股基金的誤會這麼深！

如果只比較ETF與台股基金的表定費用，的確，ETF整體費用較低廉，手續費跟股票一樣，是交易金額的0.1425％，交易稅僅0.1％，總交易成本約0.2425％；相較下，台股基金有手續費、經理費、保管費和信託管理費，其中，手續費部分，各家基金收費不同略有不同，平均落在1.5％，而總體費用加起來，真的是3％起跳（詳見表）。

台股基金的各項交易成本

時間點	費用名稱	說明
申購	手續費	各通路皆有折扣，一般來說銀行折扣較硬，基金平台折扣與優惠較多
持有	經理費 保管費	費用會直接從淨值中扣除，投資人不易感受到
贖回	信託管理費	只有銀行通路收取

資料來源：各銷售機構／整理：盧燕俐

○ 基金平台優惠活動多

偏偏，現代社會資訊這麼透明，投資人也不是笨蛋，除非年化績效能超過 10％以上，否則，3％的交易成本，怎麼看，都不划算。在強大的競爭壓力之下，基金通路端也就祭出了各種優惠，「表定費用」幾乎成了神話，原定的 1.5％的手續費，往往單筆申購，可以打一折到三折，定期定額甚至終身零費用。

在此情況下，台股基金的交易成本，就只剩下經理費、保管費和信託管理費，而信託管理費又只有銀行端收取，如果是跟我一樣，在基金平台下單，又可省去這層開銷。

　　所以，真正需留意的，就是經理費和保管費，這兩筆費用，會直接從基金淨值扣除，簡單來說，各家經理費不同，一般以一年計算，約落在 1.2％到 1.6％之間，保管費則是年收 0.1％到 0.3％之間，硬要說台股基金的總交易成本 3％到 5％，有些言過其實。

● 績效殿後有惡性循環

　　至於這經理費和保管費付的值不值得，我想，每個人的看法可能不一樣。對我來說，認真努力的操盤團隊值得鼓勵，收取必要的作業費用，也是應該且合理。就如同我們買賣房子一樣，假設不須付任何費用，才要擔心房仲是否重中作梗，讓我們刻意買到黑心屋。

　　但對某些績效長期殿後的基金受益人來說，可能就覺得與其付 1.5％的成本，報酬還輸 0050，不如直接改買0050，還比較讓人放心。

　　我認為，這就是「雞生蛋、蛋生雞」的問題，基金績效落後，投資人不願申購，投信公司缺乏收入，就無法以優渥的獎金與紅利，吸引傑出經理人和研究員加入，長年下來，就會形成惡性循環，逐漸失去選股的深度與廣度。

　　總之，如果對各項費用有疑慮，不妨直接打電話到各銷售通路詢問，應都能得到滿意的答覆。有些更精明的投

資人，則會同時在兩、三個基金平台下單，利用不同時期的優惠活動，選擇中意的基金，這也是讓「成本省很大」的一種有效策略。

理財筆記

什麼叫基金平台

目前銷售台股基金的通路，大致分為銀行、投信與基金平台。其中，投信公司只銷售自家發行的基金，常有各種手續費優惠活動，適合偏好特定品牌基金的投資人。

相較下，銀行與基金平台，銷售的基金種類多元，可滿足大家不同的需求。但需留意，銀行折扣活動較少，下單金額越大，才越容易談到手續費折扣；基金平台較具規模的則有三家，包括：基富通、鉅亨網與中租投顧，頁面呈現方式略有不同，讀者可以多比較，選擇自己喜歡的。

CHAPTER 3

【入門篇】

台股基金類型多，
不能盲目買

根據投資範疇的不同，台股基金可分為六大類型：一般股票型、科技型、中小型、上櫃股票型、中概股型與價值型。範疇不同，績效自然也有所差別。要想挑到一支厲害的好基金，除了選對類別之外，先看看月報做功課，並認識六個專業名詞與指標，也是必不可少的。

「我只要等著，直到有錢躺在角落裡，
我要做的就是過去撿錢而已。
在此期間，我什麼也不做。」
——吉姆・羅傑斯（Jim Rogers）

1 台股基金有六大類型，該如何下手？

　　台股基金，顧名思義，就是以投資台灣股市為主的基金，屬單一國家型基金。我個人最偏好，也最推薦的基金市場，首選美股與台股，但礙於篇幅，美股基金有機會再詳細分享。

　　其實，台股基金仍有類型上的差異，不同類型投資範疇不同，最終也將導致績效有別。簡單來說，台股基金區分為一般股票型、科技型、中小型、上櫃股票型、中概股型與價值型，一共六大類。

　　其中，一般股票型基金可投資範圍最大，只要是上市、上櫃股票，並不侷限特定產業，由經理人來做產業趨勢與選股判斷，操作彈性較高，是各家投信公司主推的商品，也較容易產生績效亮麗的明星基金。

○ 一般股票型操作彈性大

據《基智網》統計，目前所有的台股基金，一般股票型占比最高，多達一○六檔，多檔十年績效超過 0050 的基金，像是：安聯台灣智慧、統一黑馬、野村優質、復華高成長等等，皆屬此類。

其他像是科技型、中小型、上櫃股票型等，主題明確，就有持股的上限，以科技型來說，投資標的以科技產業為主，占整體基金淨資產價值，必須超過六成；同樣的，上櫃型就必須鎖定上櫃股票，占整體基金淨資產，也不能低於六成。（詳見表）

○ 挑選類型的兩大思考要點

這六大類型，各有各的特色，但基金新手一定會問：「該如何挑選？」我建議可從以下兩個層面來思考──

❶ 考量個人風險承受度：

基金跟股票一樣，都會因類股與屬性，而有不同的波動幅度。高報酬背後意味著背後可能是高波動度與高風險，投資人在買進前，務必考量自身風險承受度。

以價值型基金富達台灣成長為例，由於買進的多是高股息股票，可預期，波動度相對較低，三年與五年的年化

台股基金類型與特色

基金類別	投資範疇	投資規定	現有檔數
一般股票型	並不侷限於特定產業，由經理人自行判斷與決定	操作彈性較高	106
科技型	以科技股為主，舉凡電子、電腦、半導體、關鍵零組件、網路等皆涵蓋	科技股占整體基金淨資產價值需超過六成	25
中小型	以中小型股為主，而中小型指的是股本在 40 億元以下的公司	中小股占整體基金淨資產需超過六成	20
上櫃股票型	可投資上市與上櫃股票，但仍以上櫃為主	上櫃股總額不得低於基金淨資產六成	5
中概股型	鎖定中概股，直接或者間接投資中國大陸，累計金額須超過 3000 萬以上的公司	中概股總額不得低於基金淨資產六成	4
價值型	具長期投資價值的股票為主，如：高股息股與金融股等	尋找低本益比、低股價淨值比、高配息股	2

資料來源：基智網，整理：盧燕俐

標準差，分別是 15.98％與 13.82％，對比一般股票型的野村優質，三年與五年的標準差各是 20.10％與 21.81％，可說是震盪幅度小了很多。說穿了，就是富達台灣相對抗漲抗跌的概念。

❷ 越年輕就選一般股票型：

台灣是以出口為導向的國家，半導體產業產值一年高達 3 兆元，之前車用晶片大缺貨，還引起美國、德國等汽車大廠獲利衰退。不僅許多台股基金都會重壓半導體產業，就連新加坡和挪威等主權基金，也會布局台灣半導體股。

所以，如果年紀越輕，就應以一般股票和科技型基金為重，畢竟科技發展日新月異，總有基業長青或異軍突起的公司，具備投資價值；而高股息股雖然配息吸引人，但經過 10 年以上，累積財富效果明顯不如科技型。

再以富達台灣成長為例，截至 2021 年 6 月 14 日，十年績效約 123％，遠遜於 0050 的 216％，更別說要超越 0050。並非基金經理人操盤功力欠佳，而是高股息股著重的是高配息，股性也相對牛皮的原因。

我的主張向來就是，越年輕就要越貪心，用時間來爭取長線的利潤，一般股票型和科技型基金較能帶來獲利契機！

理財筆記

什麼是標準差？

標準差是用來衡量基金波動的重要指標，通常波動度越高，代表報酬的不確定性越大，極有可能是向上的報酬，也可能是向下的跌幅。

2 台股牛長熊短，更容易累積財富

「有人知道，台股現在還原權值不只是 17000 點，而是多少點嗎？」每當我提出這個問題，大家就會開始猜測，猜來猜去，最多人猜的就是兩萬點！

但是，真正答案很驚人，根據證交所的統計，4 月 29 日，大盤指數盤中創 17709 的新高，當天收盤，還原權值，指數居然來到 33977 點！你沒看錯，就是接近 34000 點的概念。

所謂還原權值指的是，買股票會配股與配息，投資人領到股利和股息之後，再繼續進場投資。換句話說，還原權值有兩個意義，第一個複利，利滾利的概念，第二個，把配股和配息加進去，也才能算出真正的投資報酬率。

○ 台股歷年殖利率十分誘人

因此，正當一堆投資專家爭論著：台股何時要攻上 20000 點？其實，還原權值，台股早就超越 20000 點了。

對國外的基金經理人來說，放諸全世界，台股向來有兩大優點。其一，台股歷年來配息佳，據統計，股息現金殖利率至少超過 3%，對比歐美國家的零利率和負利率，相當吸引人。（詳見表 1）

表 1　台股的現金殖利率相當誘人

年份	現金殖利率（％）
2016	4.35
2017	3.95
2018	4.77
2019	3.82
2020	2.99
2021 年前 5 月	2.83

資料來源：證交所

其二，台股牛長熊短，長期持有，賺錢機率高。牛指的是股市中的多頭牛市，熊則是空頭中的熊市；牛長熊短，用白話文說，就是多頭的時間勝過空頭的時間，所以，長期

來看，做多比放空，不僅賺錢機會多很多，也比較輕鬆。

就從 2000 年網通泡沫化前一年，也就是 1999 年開始來計算，截至 2020 年，長達二十二年的期間，台股只有六年下跌，剩下十六年都上漲，而這六年裡，跌幅最驚人的，分別是 2000 年重挫 43.9％，以及 2008 年爆發全球金融海嘯，導致大跌 46％，其餘跌幅普遍落在一到兩成之間。

相比下，上漲的十六年裡，漲幅最驚人的，正是金融海嘯隔年，也就是 2009 年，全球股市急彈，台股也大漲了 78.3％，2003 年同樣勁揚 32.3％，其餘的年份則各有表現。（詳見表 2）

○ 並非所有股市都牛長熊短

在牛長熊短的情況下，有利於多方，更有利於長期累積財富。而且，更重要的是，並非每個單一市場國家的基金，都是牛長熊短，舉個跟台灣很鄰近，東南亞第三大經濟體、近五十年平均經濟成長率高達 6.5％的馬來西亞，來比較說明好了。

過去十年，馬來西亞指數只有五年上漲，另五年下跌，且無論漲跌幅，都控制在 10％以內的區間（詳見表 3），表面上看波動度不大，似乎是一大優點，但實則缺乏波動，

表2 台股歷年表現牛長熊短

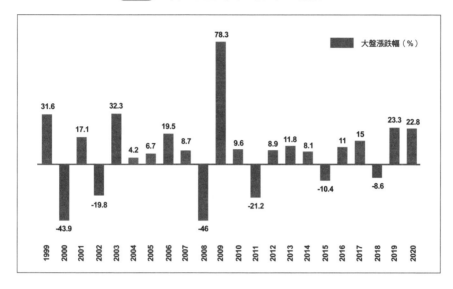

年份	大盤漲跌幅（%）	年份	大盤漲跌幅（%）
1999	31.6	2010	9.6
2000	-43.9	2011	-21.2
2001	17.1	2012	8.9
2002	-19.8	2013	11.8
2003	32.3	2014	8.1
2004	4.2	2015	-10.4
2005	6.7	2016	11
2006	19.5	2017	15
2007	8.7	2018	-8.6
2008	-46	2019	23.3
2009	78.3	2020	22.8

資料來源：證交所

就會缺乏賺取超額利潤的機會。同樣一筆錢，拿去投資台股或大馬股市，長年下來，高下立判。

表3 大馬指數波動較低

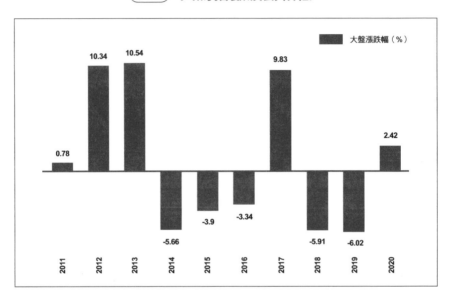

年份	大盤漲跌幅（％）	年份	大盤漲跌幅（％）
2011	0.78	2016	-3.34
2012	10.34	2017	9.83
2013	10.54	2018	-5.91
2014	-5.66	2019	-6.02
2015	-3.9	2020	2.42

資料來源：StockQ

所以，我常開玩笑形容，「買進台股資產，不只是愛台灣的表現，更是愛荷包的情操展現！」但如何選到對的股票、對的台股基金，這又是另外一回事了。但至少可確認的邏輯和前提是，台股比起很多市場，更具備獲利契機。

3 光看基金名稱易被誤導，先從月報開始做功課

「老師，你可以幫我看看嗎？我買了這檔台灣富貴基金，我的人生是否會因此就富貴了起來？」「還有，這支龍鳳基金應該很適合我吧？長期持有，就會成為眾人中的龍鳳！」

有時，被問到類似有趣的問題，難免哭笑不得。可是，回過頭來想一想，好像也不能怪投資人，因為取名就是一門學問，確實會讓人過度聯想。好比我的名字明明是燕俐，爸爸說，當年希望我身輕如燕又聰明伶俐，但多年前認識新朋友，對方竟脫口而出，「哇，很少遇到跟香港艷星鄭艷麗同名的人。」

此「燕俐」非彼「艷麗」啦！拉回正題，台股基金取名，一定是吉祥好聽，但無法依字面意義保證獲利。而且，許多基金光看名字，還真無法理解基金類型與操盤風格。

為了避免被誤導，我建議，先從月報開始做功課，是最基礎，也最必要的課題。

○ 基金月報會揭露十大持股

按照法規，投信公司並不會即時揭露持股，投資人只能透過上個月的最新月報，來掌握經理人的操作策略與持股變化。儘管各家月報格式略有不同，但大抵上內容大同小異，包括：基金簡介、基金策略、前十大持股、績效表現、淨值走勢……等等。

就以這三年績效異軍突起的新光台灣富貴基金為例，2021 年 6 月號月報顯示，一年績效高達 95.25％，三年 111.80％，顯示 2021 年績效急起直追，在同類型排行中往前擠。（詳見圖）

那麼，這檔基金到底買了哪些股票，才讓投報率大翻身？從月報來看，幾乎都是熱門股，包括：台積電、欣興、環球晶、敦泰等……比較值得一提的是，就連獲利跌破眾人眼鏡、股價不停飆高的長榮，也持股 4.9％。

月報中也提到，「富貴基金電子布局以半導體、IC 設計和 ABF 載板為主，再搭配部分利基型個股；傳產部分，以貨櫃為主，貨櫃報價近期再創新高，下半年進入旺季，獲利可望連續三季處於高水準……」

理財新鮮人就算不懂這些產業專業術語，但透過月報，至少能明白自己買了什麼樣的基金，就好比我們去一家公司面試，不會連公司主要營運項目都不清楚，就貿然決定要去應徵。

○ 經理人最新評論值得參考

有些月報會更精準的介紹基金特色，像是統一黑馬，月報開宗明義就寫出，「集中火力主打最具業績成長性，兼具獲利穩定性的四十檔黑馬股，採取精選個股策略，在適當風險下，追求最大報酬。」

看到這段話，讀者就要有心理準備，嗯，集中火力，又是瞄準黑馬股，所以，極有可能台股走多頭時，報酬率翻倍，但當台股回檔時，波動一定也不低。買進這支基金之前，就應思考：資金布局的比重該如何拿捏？又該投資幾年，才能走過震盪期，看到甜美的獲利？

有些月報也會適時提出警語，更值得投資人深思。例如，群益長安基金在 6 月月報，經理人評論就提及，「本土疫苗解盲數據不錯，預估 7 月將陸續施打疫苗，疫情對股市的影響已淡化，但 FED（聯準會）在通膨疑慮之下，可能提前減少購債，股市將受到波及，台股屬淺碟市場，波動度可能加大。」

聰明的投資人要懂得暗示，這時候，可適時調整基金操作策略，已獲利的部分，可率先陸續停利，想單筆加碼，就要找適當的時機點，等拉回再分批布局，免得短線套牢。

再次老生常談，想當台股基金的贏家，還是得花點時間，擁有最基礎的判斷能力。這樣的能力，沒人帶得走，即使退休後，依舊可以靠自己來創造財富，不必看任何人的臉色，就我來看，是最值得長期投資的一種能力！

從基金月報可以初略認識基金特色

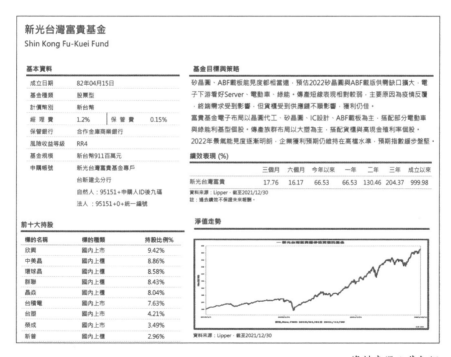

新光台灣富貴基金
Shin Kong Fu-Kuei Fund

基本資料

成立日期	82年04月15日
基金種類	股票型
計價幣別	新台幣
經理費	1.2% 　保管費 0.15%
保管銀行	合作金庫商業銀行
風險收益等級	RR4
基金規模	新台幣911百萬元
申購帳號	新光台灣富貴基金專戶
	台新建北分行
	自然人：95151+申購人ID後九碼
	法人：95151+0+統一編號

基金目標與策略

矽晶圓、ABF載板能見度都相當遠，預估2022矽晶圓與ABF載版供需缺口擴大，電子下游看好Server、電動車、綠能。傳產短線表現相對較弱，主要原因為疫情反覆，終端需求受到影響，但貨櫃受到供應鏈不順影響，獲利仍佳。

富貴基金電子布局以晶圓代工、矽晶圓、IC設計、ABF載板為主，搭配部分電動車與綠能利基型個股。傳產族群布局以大型為主，搭配貨櫃與高現金殖利率個股。

2022年景氣能見度逐漸明朗，企業獲利預期仍維持在高檔水準，預期指數緩步盤堅。

績效表現 (%)

	三個月	六個月	今年以來	一年	二年	三年	成立以來
新光台灣富貴	17.76	16.17	66.53	66.53	130.46	204.37	999.98

資料來源：Lipper，截至2021/12/30
註：過去績效不保證未來報酬。

前十大持股

標的名稱	標的種類	持股比例%
欣興	國內上市	9.42%
中美晶	國內上櫃	8.86%
環球晶	國內上櫃	8.58%
群聯	國內上櫃	8.43%
晶焱	國內上櫃	8.04%
台積電	國內上市	7.63%
台塑	國內上市	4.21%
榮成	國內上市	3.49%
新普	國內上櫃	2.96%

淨值走勢

資料來源：Lipper，截至2021/12/30

資料來源：基智網

務必認識的
三個專業名詞

　　買台股基金跟單一個股不同，個股是否會上漲，牽涉到基本面、技術面、籌碼面……等諸多變數，買台股基金單純多了，不需要研究財報，也不用搞懂各種 K 線，最核心的關鍵是如何挑到好基金。

　　挑到一支厲害的好基金，確實有一些方法。但在談這些方法之前，共有六個專業名詞與指標，希望讀者都能學會，這樣才有基本的準則，有利於日後篩選或轉換標的。就好比想拿下奧運金牌，基本的體能訓練，是每日必須，且更需進階強化。

　　這一小節就先來聊聊三個專業名詞，另外三個指標下一小節再談——

❶ 淨值：

基金的淨值就是基金的價值，類似股市中股價的概念。新基金的淨值都是以 10 元當作發行價，隨著經理人的持股變化，淨值每日都有變動，也由此產生所謂的投報率。

比較需要留意的是，很多投資人有個共同的迷思：淨值越便宜越好，就跟股價越便宜越好一樣，買淨值低的基金一定賺更多。

這樣的邏輯大大錯誤，因為績效好的基金，淨值只會不停向上墊高，偶爾遇到大盤回檔或股災時，才會回頭往下掉，像 1994 年就成立的兩支基金，統一全天候和瀚亞高科技，截至 2021 年 6 月 20 日，淨值已分別來到 218.22 與 121.21，而自成立以來的投報率也相當驚人，各自有 2234.66％和 1112.10％。

所以，單用淨值的高低來挑基金，絕非精準的做法，還是得搭配其他指標來觀察。

❷ 年化報酬率：

年化報酬率就是將累積的報酬率，轉換成每一年可得的報酬率，內含複利的概念。由於每檔基金成立時間不同，累積報酬率差異也很大，轉換成年化報酬率，投資人才有比較的基準。

再以統一全天候為例說明，統計至 2021 年 6 月 20 日，成立二十七年來，累計報酬 2234.66％，倘若換算成年化報酬率，單筆買進則是 12.22％，即便採取定期定額，也有 7.43％。

對照統一投信另一支長青基金統一大滿貫，2000 年成立，二十一年來累計報酬 473.5％，表面上看，累計報酬較為遜色，但換算成年化報酬，單筆是 8.60％，定期定額則為 8.10％，顯示定期定額的年化績效反而突出。

至於年化報酬率該怎麼計算，教科書裡都有詳細的公式，本書不詳述，主要是我認為，讀者無須浪費時間去按計算機一一試算，各類的基金網站都有相關資料，身為聰明的投資人，只要懂得搜尋資料，並加以運用、判斷，增加獲利機會，才是王道。

比如右頁資料，就是從《基智網》中搜尋而來。

❸ 含息報酬率：

過去，台股基金並不流行配息，但隨著高齡化社會來臨，以及最現實的，目前一年定存利率只有 0.7％，固定配息成了票房靈藥，檔檔熱銷，台股基金也就吹起了一陣配息風。

按照過去債券基金的經驗，不少投資人挑選標的時，

表 1 統一全天候基金各期報酬率比較

報酬率（%）（06/18）	一個月	三個月	六個月	一年	二年	三年	五年	十年	成立日
單筆申購（原幣）	11.93	14.02	33.63	66.42	117.05	67.90	206.75	353.68	2,234.66
定期定額（原幣）	11.93	9.39	15.59	32.30	59.40	73.74	104.55	198.13	609.54
單筆申購（台幣）	11.93	14.02	33.63	66.42	117.05	67.90	206.75	353.68	2,234.66
定期定額（台幣）	11.93	9.39	15.59	32.30	59.40	73.74	104.55	198.13	609.54
單筆申購（年化）	286.72	69.04	78.57	66.42	47.33	18.85	25.13	16.33	12.22
定期定額（年化）	286.71	43.19	33.62	32.30	26.25	20.22	15.39	11.54	7.43

資料來源：基智網／統計日期：2021 年 6 月 20 日

表 2 統一大滿貫基金各期報酬率比較

報酬率（%）（06/18）	一個月	三個月	六個月	一年	二年	三年	五年	十年	成立日
單筆申購（原幣）	12.74	9.36	26.21	38.03	80.91	56.10	142.39	191.71	473.50
定期定額（原幣）	12.74	9.11	13.18	23.20	39.08	51.81	72.46	121.16	419.75
單筆申購（台幣）	12.74	9.36	26.21	38.03	80.91	56.10	142.39	191.71	473.50
定期定額（台幣）	12.74	9.11	13.18	23.20	39.08	51.81	72.46	121.16	419.75
單筆申購（年化）	321.57	43.05	59.29	38.03	34.50	16.00	19.37	11.30	8.60
定期定額（年化）	321.56	41.73	28.09	23.20	17.93	14.93	11.52	8.26	8.10

資料來源：基智網／統計日期：2021 年 6 月 20 日

只憑帳面上的「配息率」，尤其動輒 10％ 以上最迷人；殊不知，當基金淨值下跌時，基金無利可配，配出去的利息有時會來自本金。

因此，建議讀者，在挑選配息型的台股基金時，不能只看過去的配息率，而應看的是「含息報酬率」，才比較客觀且完整。畢竟，一檔好的基金，不只配息要令人滿意，淨值的表現也要相對突出，才值得長期持有。

以近年熱賣的元大台灣高股息優質龍頭基金配息型為例，2020 年 3 月才發行，採每月配息，6 月號月報提到的「累計報酬率」一年為 44.78％，即是含息的報酬率。

台股走多頭時，含息報酬率一定很漂亮，但當股市大修正時，單月含息報酬率極有可能非常難看，並不像有些投資人誤以為「配息型台股基金鐵定保證獲利」，請各位務必要有正確的認知。

5 務必認識的 三個指標

　　衡量一檔基金是否值得布局，有不少指標可以參考，包括：標準差、夏普值、貝他係數、Alpha值、崔納指標……等等，每位金融講師偏好不同，我一向主張，理財要單純，選自己覺得好用適合，又能賺到錢的指標就好，不見得每一項都要拿來全面檢視。

　　就如同俗諺：「管他黑貓白貓，只要會抓老鼠的就是好貓！」眾多指標中，我個人最偏愛，也最推薦讀者一定要學會的，就是標準差、貝他係數與夏普值三個指標。意義與實際運用方式如下──

❶ 標準差：觀察基金的波動度

　　標準差主要是用來衡量一檔基金在特定時間內的波動情況，一般來說，標準差越大，代表基金的漲跌越劇烈，上下波動的震幅也越高。理想的情境是，有兩檔基金標準

差接近，挑選時，自然優先考量報酬率較高的那檔。

另外，使用標準差挑基金，須在同一類型中比較，才顯得出意義，而且，只看一年還不太夠，至少得觀察三年以上。以 3-1 介紹的台股基金六大類型而言，價值型的基金標準差，鐵定就比一般股票型和中小型來的低。

就舉同樣是中小型基金來說，復華中小精選的三年與五年年化標準差，分別為 29.06％與 25.56％；而群益中小的三年與五年年化標準差，則分別是 24.08％與 21.21％（詳見表）。

乍看之下，儘管復華中小精選的年化報酬率來到 13.51％，傲視所有中小型基金，也略勝群益中小的年化報酬 12.69％，但標準差較高，顯示震幅也較大，不見得適合投資屬性十分保守的投資人。

買基金前，先看標準差，有個特大的好處，就是選擇標準差比較低的基金，震幅相對和緩，對投報率的想像空間，也比較不容易有過分的期待。

❷ 貝他係數（Beta）：觀察基金的敏感度

貝他係數衡量的是，單一基金與參考指標之間的相對變化關係。以台股基金來說，當貝他係數等於 1，就表示漲跌幅與大盤相同；大於 1，則漲跌幅大於大盤，小於 1，

表1 復華中小精選的三年年化標準差近 30%

風險指標	一年	三年	五年
夏普值	2.33	0.59	0.98
Beta 值	1.09	1.09	0.96
r square	--	73.75	--
標準差	29.33%	29.06%	25.56%
Alpha	--	8.16	--

資料來源：鉅亨網／統計日期：2021 年 7 月

表2 群益中小的三年年化標準差 24%

風險指標	一年	三年	五年
夏普值	3.42	0.71	0.98
Beta 值	0.65	0.89	0.84
r square	--	74.77	--
標準差	15.75%	24.08%	21.21%
Alpha	--	-5.46	--

資料來源：鉅亨網／統計日期：2021 年 7 月

漲跌就小於大盤。

前述復華中小精選基金，貝他係數就大於 1，說明了相對大盤指數，敏感度較高。對於貝他係數的使用，我個人的解讀是，和標準差相去不遠，如果覺得標準差已經很

夠用了，這個指標倒是可以省略不研究。

❸ 夏普值：觀察基金的 CP 值

所有指標中，我最推薦的是夏普值，堪稱投資人衡量「基金 CP 值」的好幫手。

這項指標指的是，投資人每多承擔一分風險，可以拿到比無風險報酬率（像是定存），超出幾分的超額報酬，能凸顯出基金經理人創造超額報酬的能力。

夏普值通常在 0 到 2 之間，如果剛好是 0，表示每承擔一分風險，得到的超額報酬和定存利率相同，站在投資人的角度，這種基金完全不值得買進，連多看一眼都無需浪費時間。但實務上，台股基金夏普值趨近於 0 的情況並不多見，讀者不必太擔心。

很容易理解，夏普值越高，越能帶來超額報酬。在實際運用時，跟標準差一樣，最好在同類型基金中對比，才顯得出意義。再以前述復華中小和群益中小兩檔基金來比較，群益中小一年的夏普值 3.42，略高於復華中小的 2.33，但時間拉長到五年，兩檔的夏普值恰好都是 0.98，所以，如果是在乎長期績效，希望能至少投資五年以上，那兩檔基金都值得布局。

有關於這些指標，多數基金月報中並不會提及，投信

自家官網也不一定明載，倒是幾家基金平台，包括：中租投顧、基富通和鉅亨網等，都有相關資料可查詢。

讀者在挑選時，可多加思考和評比，畢竟連買一碗泡麵來吃，我們都會思索口味、價格、醬料包等⋯⋯相關條件，更何況投資理財最忌矇著眼睛亂買，研究越透徹，就越能掌握基金市場的變化與脈動。

6 不相信複利的人，
因為他們多數理財失利

　　學生時代，我很喜歡「勞碌命」三個字，因為「有勞就有祿（諧音碌）」，比起有些人「有勞無祿」真是幸運太多，且只要夠勤奮、願意努力，相信一定可以改善生活品質。

　　可是，隨著年紀漸長，「有勞就有祿」定律遭受嚴重挑戰，因為體力不再，精力也無法時時維持巔峰，單靠勞力，想要賺取豐厚的收入，幾乎是不可能的任務；唯有靠腦力，用錢滾錢，以複利創造財富，才不會被歲月給打敗。

　　所有對投資理財稍有概念的人都知道，複利的威力好比原子彈，不同於單利，是把每一年的獲利併入本金，再繼續投入理財商品，經年累月之後，就能慢慢養大資產。

○ 買股下市如何有複利

曾有一次錄影，一位偶像團體出身的藝人跟我說，「複利只是行銷話術，我根本不相信複利，我自己就是血淋淋的受害者！」一聊之下，才發現，早年他選錯股，最後不是變成雞蛋水餃股，就是慘遭下市，算一算，賠了至少上千萬元。

所以，很明顯的，不相信複利效果的人，幾乎都是投資經驗欠佳，或者缺乏耐心，無法用時間來驗證複利。

以我的自身經驗，複利確實存在。記得 1997 年從研究所畢業，進入媒體服務，當時月薪加稿費，每月所得約 5 萬元，為了加速擁有人生第一桶金，努力開源節流，爭取加班、多寫特稿、不買名牌……等等，結果，只花了兩年半，就達成目標。

期間，我也曾買股，坐著一夕致富的夢想。可惜，每個人的財富命運大不同，我幾乎沒有「新手運」可言。人生第一檔股票，是大二時把辛苦賺來的家教費，拿去買中鋼，依稀記得成本約 24 元附近，持有半年多，一直都沒漲，等受不了賣掉，股價才略有起色。

○ 聽股市明牌慘賠五成

人生的第二檔股票，正是到媒體服務後，同學兼同事

報的明牌。他去拜訪一家未上市公司憶聲，認為潛力十足，我又把多年積蓄數十萬元砸下，沒想到股價先漲後跌，我在大賠五成之後，不堪壓力負荷，決定停損出場。

記得當時的買進成本約落在 40 元附近，現在回過頭來看，儘管停損太慢，犯了大家都會犯的通病，但幸好，還是認錯了，因為這十多年來，憶聲的股價始終在 10 元徘徊，倘若當年不賣，資金整整縮水 75％。

有了這兩次的經驗，加上工作歷練越加豐富，先後又到投顧公司服務，讓我在選股上更為謹慎，多年來，買進不同時期的主流股，包括：友達、台積電、聯電、鴻海……等等，增加了不少被動收入。

同時，我也嘗試將投資領域擴大，除了個股外，也開始操作基金、ETF、債券和黃金，對各種理財工具的優劣點，以及需追蹤的財經數據和指標，產生了較為完整的輪廓和心得。

◯ 複利，世界第八大奇蹟

每次的投資有輸有贏，絕不像市面上某些誇張的行銷術語：「只靠一條 K 線就能大賺一倍！」而我發現驚人的事實，一旦選錯個股，極有可能身價大幅縮水，甚至永無翻身之日，相較下，買進一籃子股票的 ETF，及靠經理人

主動選股的台股基金，透過定期定額，長年下來賺錢機率高，也較適合一般上班族與小資族。

多年來，我在股票和基金上的獲利，也會視時機，再分別投入股、債、房不同市場，盡量朝複利方向努力。不敢說我的複利效果特別驚人，但至今我名下已有兩間房，和窮學生時代常在擔心下一餐的著落，景況已大不同，每每回想過往，內心總覺得十分感恩。

拉回正題，複利的威力，遠超過大家的想像，科學家愛因斯坦便曾形容，「複利是世界第八大奇蹟」，假設小資族每月投資的預算有限，只有 3000 元，先抓個合理的報酬率 8％好了，獲利部分持續投資，經過十年，可累積出 54.88 萬元，相較總投入成本 36 萬元，資產已成長 52％；假設時間再拉長到二十年，可累積出 176.70 萬元，總投入成本為 72 萬元，資產增幅高達 145％（詳見下頁表 1）

● 複利搭配時間效果佳

讀到這兒，可能有些理財新手會問，「啊，每年要賺 8％，似乎不太容易？」別忘了，前面的篇章就分析過，至 2021 年 6 月底，即使定期定額買 0050，十年的年化績效有 8.89％，其自成立以來，十八年的年化績效也有 6.76％。如果是台股基金高手，挑到長期績效超越 0050，年賺 8％

並不是太困難的事。

　　對於長期累積財富這件事，我常分享的觀念是，「審慎中，可以帶正能量思考；你愛財神，財神也才會愛你！」

表1　每月投資 3000 元的複利效果

投資年數	報酬率 4%	報酬率 6%	報酬率 8%
5	19.89 萬元	20.93 萬元	22.04 萬元
10	44.17 萬元	49.16 萬元	54.88 萬元
20	110.03 萬元	138.61 萬元	176.71 萬元
30	208.21 萬元	301.35 萬元	447.11 萬元

試算整理：盧燕俐

表2　複利加時間是追求財富的利器

本金	年報酬率（%）	複利滾存年數	累積資金
100 萬	2	36 年	200 萬
100 萬	3	24 年	200 萬
100 萬	6	12 年	200 萬
100 萬	8	9 年	200 萬
100 萬	10	7.2 年	200 萬

試算整理：盧燕俐

認真工作的小資族，總有升官加薪的一天，當我們收入變多時，用大錢賺大錢，複利帶來的成果，絕對超乎預期。

假設手頭上已有 100 萬元，同樣年化報酬率 8％，經過複利之後，只需九年，就會累積成 200 萬元，也就是資金翻倍的概念。而再經過下一個九年，資金又從 200 萬變成 400 萬，前後只花十八年，資金就從 100 萬滾成 400 萬，大賺三倍，證明了複利加上時間，是追求財富自由的最佳利器。（詳見表 2）

所以，越年輕越要及早踏出理財的第一步，道理就在此！

CHAPTER 4

【方法篇】

輕鬆三步驟，
挑到超厲害的台股基金

對於小資族來說，基金還是建議以長線的「存基金」為主，這樣更容易賺到大波段的行情，如果不知道怎麼買，也可以直接挑選老牌、經過市場考驗的旗艦型基金，最為安全。但是，這並不表示基金就無法做相對短線的操作。用對方法，你也可以找出「短線強棒基金」，為自己賺取超額獲利！

「如果各位極力降低股票交易的次數，
則賺取市場合理報酬的機會將大幅增加。」
——約翰・柏格（John C. Bogle）

想做短線波段，
鎖定一到三個月績效

　　對於一般上班族或小資族，通常我會建議，以長線「存基金」的心態，避免追高殺低，比較能賺到台股大波段行情。但如果藝高人膽大，想嘗試賺短波段，可考慮集中火力在短線強棒基金。

　　所謂「短線強棒基金」，並非要大家只看一天或一週績效，因時間太短，並不太能瞧出端倪，也不具代表性，反而是鎖定在一到三個月，一旦認定大盤後市強勁，這些「短線強棒基金」常能展現強者恆強態勢，帶來不錯的利潤。

　　主要是短線強悍，帶有兩層意義。其一，表示基金經理人很會選股，能領先同行，率先挖出潛力股或主流股，儘早卡位布局；其二，意味著投信公司團體作戰能力不錯，旗下基金互相拉抬，即使股價節節高升，超越合理的本益比，但只要投信不棄養，股價持續在高檔，基金績效也就名列前茅。

○ 南電多家投信重壓股

最經典的案例，非 IC 載板的南電莫屬。2020 年 1 月，南電股價還不到 50 元，

但伴隨著公司虧轉盈、載板需求大增，甚至供不應求……等題材，投信紛紛進駐，到了年底，股價已大漲到 182 元。

一年大漲二點六倍，已是剽悍的飆股，正當多數散戶認定買不下手時，股價持續往上飆，2021 年 6 月又向上突破了 400 元整數大關。其實，以南電 2020 年 EPS 為 5.34 元，就算法人估 2021 年 EPS 可以再跳增至 10 元，400 元的股價換算下來，本益比都已超過四十倍，實在是不便宜。

可是，這就是投信拉抬個股的功力。只要同業也認同，買盤持續點火，股價沒有不瘋狂的，尤其是在多頭時代！

我對投信拉股票的手法略有研究，當南電大漲超過 200 元時，剛好打算換股操作，手上多了點閒錢，好奇眾家投信會把南電拉到什麼天價，於是，2021 年 1 月中旬，就單筆買進當時短線績效名列前茅，也重壓南電的野村優質基金。果然，投報率令人超滿意，光是 1 月單月獲利就超過 9.4％，比大盤指數的 2.75％，還多賺 6.65％，2 月績效續飆，單月獲利也有 8.79％，贏大盤 3.4％。

○ 航運大漲績效大洗牌

這檔基金我曾推薦給很多朋友，近年績效突飛猛進，深獲好評，但不可諱言，5 月和 6 月單月表現並不突出，主因就在這段期間，航運股大漲，甚至有網友比喻，「人生要出運，就買航運股」，萬海股價還率先寫下 300 元的歷史天價，偏偏野村優質並未重壓航運類股，排名因此往下掉。

根據 2021 年 6 月基金月報，野村優質前十大持股，電子股居多，南電依舊是第二大持股；相反的，同月份排名向上爬的基金，像是瀚亞菁華和安聯台灣大壩，紛紛繳出一個月獲利 15％的好成績，就是前三大持股皆為長榮或陽明。

這就是我前幾篇提到的，基金月報可以嗅出投資風向球，想搭強勢股列車，卻又自認心臟不夠大顆，選短線強棒基金，讓經理人繼續幫你拉股價，確實是可行的方法。

既然是短波段操作，下車時間點就要特別留意，例如，這個波段大買航運的台股基金，未來極有可能隨著航運指數報價反轉，類股走勢多頭結束，基金淨值也就跟著大受影響。

所以，操作這類短線強棒基金，務必進場前就思考停利和停損策略，只要察覺不對勁，或淨值表現不如預期，就應先出場一趟，免得當眾家投信輪番賣股，手中基金報

酬由正轉負，短線套住，要期待行情再起，可能就要再等
數個月以上，耽誤了時間成本。

　　至於該如何查詢最新台股基金排名，各銀行與基金平
台都能提供相關資訊，讀者可依自身的偏好進行選擇。右
頁以我常用的《基智網》作為範例，供讀者參考。

理財筆記

什麼是本益比？

本益比是衡量股價是否合理的一種指標，算法是股價
／每股盈餘（EPS），法人給予各類股的合理本益比
不盡相同，越成熟的產業，本益比約落在十倍，越創
新、進入門檻越高的產業，則可享有二十到三十倍。
以代工大廠鴻海來說，過去幾年，本益比約落在八到
十二倍，台積電則落在十五到二十五倍之間。

台股基金一個月績效排行榜

基金名稱	基金公司	淨值日期	一個月（%）↑	三個月（%）	六個月（%）	一年（%）	三年（%）	五年（%）	十年（%）
瀚亞菁華基金	瀚亞投信	06/29	16.64	20.17	38.94	79.86	80.75	197.30	172.63
安聯台灣大壩基金-G累積型（台幣）	安聯投信	06/29	15.28	26.59	39.12	65.48	N/A	N/A	N/A
安聯台灣大壩基金-A累積型（台幣）	安聯投信	06/29	15.15	26.28	38.42	63.80	137.24	318.47	624.02
日盛MIT主流基金	日盛投信	06/29	14.72	22.27	41.81	71.73	95.70	145.77	229.94
日盛上選基金-I類型	日盛投信	06/29	14.38	21.33	35.57	61.66	N/A	N/A	N/A
日盛上選基金-A類型	日盛投信	06/29	14.38	21.33	35.57	61.66	89.79	222.80	216.43
日盛上選基金-N類型	日盛投信	06/29	14.38	21.34	35.58	N/A	N/A	N/A	N/A
復華全方位基金	復華投信	06/29	14.20	13.02	28.52	51.08	56.51	172.67	351.80
鋒裕匯理阿波羅基金	鋒裕匯理投信	06/29	13.83	22.13	35.47	49.64	21.97	135.15	133.67
群益葛萊美基金	群益投信	06/29	13.80	9.88	27.76	66.38	70.83	149.24	219.13
富蘭克林華美第一富基金	富蘭克林華美投信	06/29	13.01	23.23	42.35	83.88	91.56	184.55	234.78
統一統信基金	統一投信	06/29	12.73	18.48	38.51	62.76	67.56	147.72	205.42
元大多福基金	元大投信	06/29	12.54	13.47	28.35	59.25	55.25	83.75	135.66
合庫台灣基金	合作金庫投信	06/29	12.49	16.22	29.66	63.84	85.48	106.97	110.49
復華復華基金	復華投信	06/29	12.18	5.63	18.84	51.79	53.82	157.33	274.76

資料來源：基智網／統計日期：2021 年 6 月 29 日

想長線存台股基金，要看五到十年績效

　　如前一小節所言，多頭時代，類股輪動快速，短線績效崛起的台股基金，不見得是長線績優生，但長線績優生，就算短線稍微失利，只要耐心等待，績效都會慢慢迎頭趕上。

　　所謂的「長線績優生」，我不只看一年或三年，而是五年以上，理由很簡單，台股平均每三年走一個多空循環，用五年以上績效評比，等於大約歷經了兩次循環，再搭配十年績效評比，就是用最嚴格的標準，走過三次循環的考驗。一支基金即使短期績效沒那麼出色，但長線讓人放心，就稱得上是「值得月月存」的好基金。

　　所以，我常說，「需求不同、目的不同，要買的基金方向也不一樣！」要賺短線財，對大盤趨勢略有概念，且有把握台股仍處多頭，短線還沒漲完，用台股基金搭配個

股操作，布局短線最犀利的基金準沒錯。

○ 績優基金適合存長期

對大盤掌握度不高，也不想多花時間研究，理財目的是為了存退休金、存子女教養金、存買屋頭款……等等，較為長遠的規劃，至少願意花五年時間「存基金」，那麼，長線績優基金最速配。

我已在 2-2 中提及，親戚在 2000 年高點進場，歷經台股崩盤，直到 2007 年需要用錢，才把基金贖回，竟發現「存基金」七年下來，竟大賺一倍的故事。這邊就不再多贅述「存基金」的好處，倒是提供另一個有趣的觀點，就是**十年績效讚，通常五年績效也差不到哪**，這就說明了長青基金多麼真金不怕火煉！

以一般股票型基金為例，統計至 2021 年 6 月 30 日，共有一〇六支，五年績效排名前十，與十年績效排名前十，有五檔重疊，包括：安聯台灣大壩、安聯台灣智慧、野村優質、統一黑馬，以及統一全天候。（詳見下頁表 1 與表 2）

即使有些基金十年績效排行名列前茅，五年績效掉出前十名，但仍身處二十名左右，我建議，可再搭配短期績效來參考，列入觀察名單，像是復華全方位十年績效排名第八，五年績效掉到第二十一，仍名列同類型排行前四分

表1　一般股票型基金五年績效前十名

基金名稱	近五年績效（％）
安聯台灣智慧	325.54
安聯台灣大壩	318.47
統一台灣動力	240.50
統一黑馬	233.16
群益長安	224.45
日盛上選	222.80
野村優質	219.69
統一全天候	207.81
華南永昌永昌	206.86
富邦台灣心	201.31
大盤加權指數	94.05

製表：盧燕俐／統計日期：2021 年 6 月 30 日

表2　一般股票型基金十年績效前十名

基金名稱	近十年績效（％）
安聯台灣大壩	624.02
安聯台灣智慧	617.97
貝萊德寶利	369.13
野村優質	368.61
統一黑馬	357.45
野村成長	354.76
野村積極成長	353.22
復華全方位	351.80
統一全天候	345.18
復華高成長	336.29
大盤加權指數	105.21

製表：盧燕俐／統計日期：2021 年 6 月 30 日

之一，而 6 月單月大漲 14％，排名又力爭上游，顯示經理人操作靈活，也可納入長線「存基金」的名單中。

○ 買了之後也不能完全放著不管

選到自己偏愛的長線績優生之後，絕非從此放著不管，誤以為未來五到十年，都能複製同樣的走勢，畢竟，就連基金公司都會提出警語，「過去績效不保證未來最低投資收益」，買進後想長期持有，仍需做好下列幾項功課——

❶ 固定每月追蹤績效：

既然是「存基金」，就不用跟買股一樣天天看盤、每天盯著淨值，但仍需每月固定追蹤績效，了解獲利持穩度，一旦發現績效不僅落後大盤，甚至還落後同類型，就應考慮轉換標的。

有時，績優好基金難免短線落馬，投資人仍可給幾個月的觀察期，再決定是否真要琵琶別抱，關於這部分，5-5 會詳細談。

❷ 設定適合的停利點：

目前對於存台股基金到底該不該停利，以及停利點如

何設，市場上有不同見解。我的主張是，如果不缺錢，而且可以存十年以上，績優基金常能帶來豐厚報酬，過程中都不停利，似乎也無傷大雅。

可是，一般小資族，存基金就是為了達成特定理財目標，停利除了可滿足生活裡臨時的資金需求，看到獲利更有成就感，持續存基金的動能也就越強。

2020 年初，就有位小資族來我的 FB 粉專留言，說她在多年前看電視節目，買了我分享的好基金，報酬讓她非常滿意，一直到決定要結婚了，發現資金短缺，她贖回部分基金來應急，才深感存台股基金停利的優點。

聽到這件事，讓我感動許久。原來一檔好基金，真的可以幫助許多人度過難關。停利技巧 5-4 會詳談。

❸ 遇股災的應對策略：

好基金遇股災也會回檔，看到台股天天跌，明明應該反向加碼，但往往理智線都會斷掉，停扣在相對低點。為了減輕內心恐慌，或應付因意外導致投資資金不足，最簡單的做法，就是稍微降低扣款金額，也許從每月扣款 1 萬元，降低至 8000 元，或者從每月 5000 元降至 3000 元。

儘管到頭來累積獲利的效果一定變差，但與其中途完

全停止扣款，等於白忙一場，甚至陷入虧損，還不如暫時微降扣款額度，先度過股市低點再說，等手上資金充裕了，再回頭加大扣款金額，也算是「進可攻退可守」的因應策略。

真不知如何挑，就選旗艦型基金

看完前面兩小節，相信有的讀者會抱怨，「嗯，似乎還是有點難度，評比基金要花時間和腦力，有沒有更輕鬆簡單的方法？」

套句坊間流行的術語，「佛系理財法」，有的，只要投資人不過度貪心，不奢求永遠都選到最犀利的台股基金，存旗艦型基金，是一個便捷的作法，而且中長期獲利都有一定水準。

◎ 高人氣帶來正向循環

「旗艦型」基金的概念，有點類似消費者去選購商品時，旗艦店往往能提供最齊全的貨色、最完整的服務，以藉此展現品牌形象，站在行銷的角度，「旗艦」兩個字幾乎與口碑和品質畫上等號。

以此類推，「旗艦型」台股基金，好比投信的代表作，人氣旺、績效佳，投信為了保住代表作的人氣，一定用會用盡各種資源，像是砸重金挖角優秀經理人操盤、創造投資利多話題、祭出手續費大優惠吸引民眾申購……等等。

而且，別忘了「人氣旺、績效佳」環環相扣，缺乏績效當後盾，就算廣告鋪天蓋地，投資人也不會買單，人氣會漸漸散去；人氣越旺，定期定額扣款人數越多，投信就有更多的新資金，可以拉抬既有的持股，創造更好的整體績效。

那麼，目前為止，有哪些「旗艦型」台股基金值得關注呢？可以從 2021 年 5 月單單這一個月，定期定額扣款金額與筆數來觀察（詳見下頁表）。

○ 旗艦多是老牌基金？

這份榜單透露兩大訊息，第一，投資人偏愛的基金，集中在幾家投信公司，包括：安聯、統一、國泰等，說明了「長期績優生」更能吸引小額資金，因為對預算有限的民眾來說，每一分錢都必須花在刀口上，缺乏穩健的獲利，一切都是假的。

第二，這前十強基金，還有個共同特色，就是大多為「老牌」基金，歷經台股多次多空循環，經得起考驗，唯

台股基金定期定額扣款前十強

基金名稱	扣款金額（億元）	扣款筆數	類型
安聯台灣智慧	1.60	19305	一般股票型
安聯台灣科技	1.37	20143	科技型
國泰中小成長	1.28	26335	中小型
野村優質	1.26	19623	一般股票型
安聯台灣大壩	1.19	19489	一般股票型
復華中小精選	1.17	16666	中小型
統一大滿貫	1.10	20752	一般股票型
國泰科技生化	1.06	19196	一般股票型
統一全天候	0.92	14450	一般股票型
元大台灣高股息優質龍頭	0.86	16017	一般股票型

資料來源：投信投顧公會／說明：以 2021 年 5 月 31 日單月扣款金額排序

　　獨元大台灣高股息優質龍頭這一檔，堪稱為「後起之秀」，2020 年 3 月底才成立，儘管募集時缺乏過去績效供參考，但還是造成投資圈大轟動，引爆搶買潮。

　　除了發行的投信公司行銷能力強之外，也與台灣的低利環境有關。過去三十年，台灣定存利率從動輒 8％到 9％，

一路往下掉，目前已來到 0.7％附近，扣掉通貨膨脹，早已是實質負利率，因此，投資人往往一看到「高股息」三個字，內心就容易產生悸動，總認為遠比放銀行定存好，定期定額扣款人數也跟大增。

再次強調，這些「旗艦型」基金屬性有別，各自隸屬於一般股票型、科技型和中小型，波動幅度也不盡相同，就算再不想燒腦選基金，至少要按照自身風險承受度，來選擇適合標的，免得震幅過大，看到對帳單時，內心一時無法平息。

理財筆記

什麼是實質負利率？

簡單來說，我們所聽到的銀行定存利率，稱為「名目利率」，名目利率扣掉通貨膨脹率（CPI），就是實質利率。

以台灣現況，名目利率是 0.7％，減掉 CPI（2021 年 5月份是 2.48％），實質利率為 -1.78％，已邁入真正的「實質負利率」階段，後遺症是，苦了定存族，錢存銀行打不過通膨怪獸，只能多方尋找適合的理財管道。

CHAPTER 5

【實戰篇 1】

單筆
操作心法

基金的單筆操作心法有三大重點方向，包含國安基金的
進場時機、景氣燈號與定期定額的扣款人數。了解以上
三大方向之後，再搭配停利與績效追蹤的小訣竅，就能
讓你買在相對低點，穩健獲利！

「不懂投資的人可以進行充分的分散化投資。
但是，如果你眞的了解你所投資的公司，
三項投資就足夠了。」
——查理・蒙格（Charles Munger）

跟著國安基金進場，
必是長線買點

從研究所畢業，踏入職場已超過二十五個年頭。幾次重要性的股災，都躬逢其盛，聽聞周遭不少親友身價大縮水，甚至婚姻破裂，也見證了股市老先覺的名言，「會買股票的是徒弟，會賣股票的才是師傅！」

無論買股或買基金，有人選擇單筆，也有人用「存」的方式定期定額，或者定期不定額。如果是後者，本書已陸續分享，存長線績優好基金，隨時都可以進場扣款，但若是單筆，又期望買在相對低點，難度確實大增，多少也需要一些運氣成分。

不過，這些年來，自從國安基金進場護盤成績斐然，「跟著國安基金進場」，搶搭順風車，也成了一種單筆進場的好時機。

早年國安基金護盤，經驗並不豐富，所以，2000 年網

通泡沫化，台股也從 10393 崩跌，市場哀鴻遍野，為了提振股民信心，國安基金便在 8640 點進場，沒想到，不敵全球景氣大衰退，兩次護盤都無功而返，台股持續向下探底。

◯ 高點護盤會無功而返

之後，又歷經了 2004 年的三一九總統槍擊案，以及 2008 年的全球金融風暴，國安基金似乎也體認到，高點進場護盤，好比拿錢打水漂，作用不大，不如等台股重挫，跌幅超過三成以上，技術面醞釀反彈契機，再進場拉抬，效果更為明顯。

自 2011 年、2015 年與 2020 年，國安基金搖身一變成為「大內高手」，不僅買在相對低點，獲利成果十分驚人，尤其 2020 年新冠疫情這次，只動用了 7.56 億元，對照歷次重砸數百億元，甚至上千億元，卻也淨賺 34%，帶動大盤大漲 49%。（詳見右頁表）

儘管國安基金操盤人財政部官員總強調，「國安基金來無影、去無蹤」，但無論進場與退場時間，國安基金委員會都會發布新聞稿，媒體也會大篇幅報導，聰明的投資人緊密追蹤，跟著布局強棒台股基金，相信都會有不錯的波段報酬。

國安基金進場護盤大事記

宣布日期	原因	護盤天數（天）	護盤前台股最大跌幅（％）	護盤期間漲跌幅（％）	護盤金額（億元）
2000.3.15	台灣首次政黨輪替	5	-20.6	-1.69	542
2000.10.2	網通泡沫	44	-42.8	-6.62	1227
2004.5.19	總統大選三一九槍擊案	13	-21.2	2.94	16
2008.9.19	全球金融風暴	91	-40.6	-17.62	600
2011.12.20	歐債危機	121	-28.3	7.76	424
2015.8.25	中國Ａ股重挫	232	-28.1	15.13	196
2020.3.19	新冠疫情	207	-30.12	49.23	7.56

資料整理：盧燕俐

○ 從未跟四大基金借錢

另外，曾有人問我，「只要不買股票和基金，國安基金無論賺賠，都跟人民無關吧？」這種想法不完全正確！因為根據現行《國安基金管理條例》，國安基金可動用的額度高達 5000 億元，來源除了國庫所持有的公民營事業為

擔保，向金融機構借款之外，也可借用郵儲、勞保、勞退與退撫基金，也就是所謂的「四大基金」，但有最高額度3000億元的上限。

也因國安基金護盤色彩濃厚，曾遭媒體質疑，「拿人民的錢，去替大戶和外資解套！」幾年前，國安基金管理委員便公開澄清，「自國安基金成立以來，從未向四大基金借款！」可見，國安基金口袋很深，也幸好操作績效不錯，否則，又會陷入「一旦國安基金賠錢，隔年編預算彌補，等於是全體納稅人買單」的論戰。

至於到底該不該有國安基金的機制，這是個見仁見智的問題。少了國安基金的干擾，台股較能真實反映市場現況；但國安基金常能發揮穩盤功能，也是不爭的事實。

結論是，只要這個機制還在，哪一天逢股災又宣布要進場，就是大家賺錢的好時機！

買在景氣藍燈，
紅燈不一定要賣

2

　　用景氣燈號買賣台股 ETF 和基金，一度被視為最簡單、最有效的「懶人投資法」，也就是景氣亮藍燈，顯示景氣低迷時，就用力買進；當景氣熱絡，開始亮紅燈，就是賣出好時機。但我發現，這項準則只對了一半，藍燈買進確實是長線相對低檔，但紅燈後立刻賣掉，可能會錯失後面的行情。

　　容我先花點時間解釋景氣燈號的意義。景氣燈號目前由國發會所發布，以不同燈號表示景氣現況，其中，「藍燈」表示低迷，「黃藍燈」與「黃紅燈」顯示景氣正轉向中，「綠燈」是景氣穩定，「紅燈」則是熱絡。

　　燈號由九項指標所構成，包括：貨幣總計數 M1B、股價指數、工業生產指數、非農就業人數、海關出口值、機械設備進口值、製造業銷售指數、批發零售與餐飲營業額、

製造業營業氣候測驗點。每個指標有不同分數，得分越高，顯示景氣越佳（詳見表1）。

表1　景氣燈號意義

燈號	紅燈	黃紅燈	綠燈	黃藍燈	藍燈
分數	45-38	37-32	31-23	22-17	16-9
景氣意義	熱絡	穩定成長轉熱絡	穩定	穩定成長轉低迷	低迷

○ 燈號與大盤連動性強

讀者不必搞懂燈號到底怎麼算，只需理解，景氣燈號反映景氣現況，也與大盤連動性息息相關。曾有投資界前輩精算出，燈號與大盤指數連動性高達八成，也有專家認為燈號有時會領先，有時會落後大盤行情，且時間差大約兩個多月。（詳見右頁圖）

我的看法是，正如股神巴菲特所言，「沒有一項經濟指標能完全精準預言股市，否則，全球經濟學家早就人人成了股市大亨！」指標給投資人當作參考，作為輔助工具，真正的買賣時點，仍需加上個人的經驗判斷。

以藍燈來說，過去二十年，共有四次連續亮好幾個的藍燈，其中，最長的一次，發生在 2000 年網通泡沫化，時

景氣燈號與大盤指數呈高度正相關

資料來源：財經 M 平方

(表2) 過去二十年藍燈時間

日期	藍燈時間	亮第一顆藍燈時大盤指數
2000.12 到 2002.2	十五個月	4739
2008.9 到 2009.5	九個月	5719
2011.11 到 2012.8	十個月	6904
2015.6 到 2016.3	十個月	9329

資料來源：國發會／整理：盧燕俐

間長達十五個月，而最近的一次，則是 2015 年 6 月，也連續亮燈十個月。（詳見上頁表 2）

○ 不必第一個藍燈進場

如果亮第一個藍燈就單筆進場，買台股 ETF 或基金，有可能慘遭套牢。以全球金融海嘯 2008 年這次為例，9 月亮第一個藍燈，當時大盤位置在 5719 點，但之後一度跌到 4000 多點，如果是亮第九個藍燈，也就是 2009 年 5 月才去買，大盤位置回升至 6890 點，同年底指數已漲破了 8000 大關。

再以 2015 年這次來說，假設看到亮第一個藍燈就去買，當時指數位置在 9329 點，後來，先跌破 8000，再逐月上攻到萬點以上的行情。

看到這兒，讀者一定會問，「可是，有誰是先知，能預測這個月藍燈即將結束，下個月就要轉黃藍燈呢？」沒錯，這就是運用景氣燈號投資的迷思之處。只能說，當景氣反轉向下，步入衰退，總會低迷好一陣子，不會短短一兩個月就結束，想單筆進場獲利，用分批布局的方式，較能提高勝率。

◯ 永遠無需怨嘆賺太少

至於紅燈，昔日投資界都盛傳，「紅燈出現，就是賣股和賣基金的最好時機！」但隨著各國央行不斷使出QE，這項鐵律，也得到嚴重的挑戰。

以 2021 年為例，2 月起連續亮了三個紅燈，如果出現第一個紅燈就賣基金，極有可能賣在大盤 15953 點的位置，而錯失了後面兩千點的行情。當然也有人會說，「賺飽了，不差這兩千點啦！」這種想法也很好，因為沒有人是神，永遠能買在最低點、賣在最高點，理財這件事，自己開心且滿意就好，無需跟別人比較，也無需永遠活在「少賺」的怨嘆中。

使用景氣燈號來操作基金，有健康的心態，加上分批加碼與停利，相信更能如魚得水。

 **定期定額扣款人數創新低，就是台股反轉時！**

　　小時候，常聽長輩說，「人多的地方不要去，真正的祕境都是人煙罕至！」這句話，用在理財市場，竟有些異曲同工之妙。

　　散戶與媒體報導往往都是落後指標，記得 2020 年，台積電漲幅高達 89％，不少外資一口氣將台積電的目標價喊至千元以上，到了 2021 年初，舉凡只要電視節目聊到台積電，收視率就會爆衝，只可惜，股價在一月下旬衝到歷史新高 679 元之後，就陷入震盪整理。

　　偏偏散戶真正進場買台積電，就是 2021 年初高點附近。據統計，台積電的零股股東人數，2020 年 11 月時，只有 23.93 萬人，隨著股價飛漲，2021 年 2 月底已大增至 45.86 萬人，幾乎成長一倍。

⭕ 買氣越差，越是單筆布局時機

我當然希望小股東人人賺錢，但股市就是這麼奇妙，「行情總在希望中破滅，總在絕望中誕生」，當多數人都看好台積電的股價續航力，實際走勢反而是大顯疲態；但從另一個角度來看，當小股東們對台積電信心動搖時，應該又是未來長線買點的好時機。

台股基金市場也是相同的邏輯。當定期定額人數與金額飛快成長時，就意味著股市過熱，隨時可能大回檔；相反的，當股市大修正，民眾失去信心，扣款人數與金額創新低，反倒是行情落底的跡象，此時，單筆進場，中長期都能有不錯的獲利。

看看過去歷史經驗，先不論 2020 年 3 月新冠疫情引發的短期暴漲暴跌，2006 到 2007 年，台股大漲三千多點，定期定額人數也從 2006 年 1 月的 24.7 萬人，逐步成長，儘管 2007 年 10 月漲至 9859 高點之後反轉向下，但散戶還是前仆後繼加入，直到 2008 年 5 月，達到 62.7 萬人的高峰。

如前面小節所述，高點才進場，以定期定額方式參與，沒什麼不對，也是最佳選擇，但問題就出在，隨著大盤低點越來越低，許多人信心動搖，決定中止扣款，反倒錯失低點扣款、累積更多單位數的獲利機會。

再以 2008 年全球金融海嘯為例說明，台股從 9859 點

一路狂跌，最低年底一度跌破 4000 點，定期定額扣款人數也大減，到了 2009 年 1 月，已減至 37.2 萬人，減幅高達四成，相當驚人。

換句話說，只有六成的投資人，願意堅持下來，而 2009 年台股大反彈，這六成人，也就成了台股基金的贏家！有關定期定額心法，下一章會詳述，這裡要強調的重點是，想單筆找買點的人，不妨隨時觀察台股基金的買氣，買氣越差，越是單筆布局時機，買氣越好，反倒是停利時機。

○ 從定期定額扣款人數看買氣

那麼，現在買氣如何呢？根據投信投顧公會統計，截至 2021 年 5 月，定時定額扣款人數已來到 27.1 萬人，創下自 2011 年 4 月以來的新高，年增幅 26.32％，且單月扣款金額為 29 億元，較上月增加 5 億元，尤其單單第一季扣款金額共 69.94 億元，比去年同期大幅成長 117％，在在說明買氣明顯上揚。（詳見右頁表）

細心的讀者會發現，儘管 27.1 萬人已是十年新高，但和 2008 年的高峰 62.7 萬人相比，仍是衰退不少，我個人研判，可能出自兩個原因。其一，金融海嘯中途停扣者，已對台股基金失去信心，寧可尋找別的理財標的。

2021 年台股基金定期定額扣款大成長

項目	全年數據	年增率（%）
筆數	51.1 萬筆	32.10
人數	28.8 萬人	19.6
金額	30.5 億元	40.1

資料：SITCA ／整理：盧燕俐

其二，基金公司也陸續引進或發行新的基金，投資區域多元，主題也創新，無論是美股和陸股，或者高配息、強調環保和社會責任的 ESG 基金、具高度成長性的電動車基金等等，總能吸引新資金進駐，也瓜分了台股基金的市場。

總之，青菜蘿蔔各有所好，台股基金適合作為長期累積資產的一環，如果煩惱著何時才是單筆進場點，不妨試試觀察定期定額扣款人數變化，應該會有不錯的收益。

單筆停利點怎麼設？
很難賣在最高點！

在投資市場裡，人人都想買在最低點、賣在最高點，最好是年年壓到飆股，成為新一代「股神」。

然而，這無異是「痴人說夢話」，畢竟全球政經變數龐雜，精明如巴菲特，在 2021 年 5 月波克夏股東會時，也坦言，「後悔疫情期間減碼 Apple 股票與航空股，回過頭看，當時做了錯誤的決定！」

有網友說，「巴菲特老了，操盤功力不再！」我倒認為，新冠病毒來得又急又凶又猛，高齡近九十歲的巴菲特，遭遇了生平未曾見過的疫情，也首度見到美股十天內熔斷四次，難免投資情緒受到影響，尋常百姓如你我，拿著放大鏡去嚴苛評論此事，有失公允。

因此，連巴菲特都無法永遠買低賣高，一般市井小民也無須有過分的奢望。單筆操作台股基金也如此，能賺到

波段行情，就歡喜迎接，實在不需要天天斤斤計較沒賣在最高點、又少賺多少錢，徒增情緒困擾。

這幾年，台股多頭氣勢強盛，我除了定期定額扣款幾檔台股基金外，單筆更是我非常偏愛的方式。單筆的停利點到底該怎麼設？有幾個心得跟讀者分享——

❶ 若是買在相對低點，停利點至少設 15%：

相對低點的意思是，每逢股災或系統性風險發生時，平均會從高點回檔 20% 以上，單筆分批介入，應都能賺到後面的反彈行情，此時，停利點至少設 15%，才不會壓縮獲利。

就以 2020 年 3 月新冠疫情來說，從年初 12000 點回檔到 8500 點，回檔幅度約三成，如果在回檔兩成時，也就是 9600 點左右進場，就要忍受約一成左右的虧損，但只要資金比重拿捏得好，小賠一成仍在心理的安全範圍內，之後再靜待反彈，抓個 15% 的利潤，應不會太困難。

❷ 相對高點才進場，停利點不能太貪心：

相對高點如何衡量？台積電是不錯的衡量指標，因為台積電的股性領漲領跌，只要發現台積電漲不太動，意味著大盤指數空間有限，電子比重較高的台股基金，可能也

要整理好一陣子，此時若有獲利，就可以先出一趟，即使只賺個 5% 到 8% 都無須嫌少。

甚至有時評估錯誤，進場後，發現半導體股一直跌，剛買的台股科技型基金淨值也猛掉，那麼，就該考慮停損。設停損點是門學問，有人只能容忍一成，有人可以容忍三成，建議先以心理舒適度為主，一旦虧損幅度與金額快到令人失眠的地步，務必就應先分批停損，停損之後，海闊天空，對盤勢與操作的掌握度也隨之提升。

❸ 半年線守不住就分批停利：

每個人用的技術指標不同，在我所受的教育裡，半年線也就是 120 日均線，被視為台股多頭的重要防線，當大盤失守半年線，即使略有反彈也力道不足時，單筆買進的台股基金就可先停利一趟，這預告著台股背後可能還有其他利空。

用半年線觀察大盤後市有個好處，半年線屬於較長期的均線，比較不容易產生主力製造騙線，對中長線投資人來說，極具參考價值。由於技術指標頗為複雜，非一章一節可以敘述完整，有興趣的人可以再參閱其他技術派專書。

❹ 看不懂行情，先停利也無妨：

我的財富距離巴菲特還很遙遠，巴菲特會看錯行情，我也常常看錯。看錯不丟臉，提不起勇氣再進場才可惜！尤其財經領域變化莫測，過去經驗可參考，但不會完全複製。

像早年，在投顧公司服務時，總被教育著：台股只要攻上 1990 年的高點 12682 點，必定會崩盤，所以，我在台股約 12000 點時，便先將單筆的台股基金獲利了結，事後看來，也許少賺一些，但過高之後，確認 QE 無上限的威力，再進場承作，依舊有不錯的利潤。

單筆買台股基金，想從 8500 點抱到 18000 點，其實並不容易，一來，中間會歷經幾次盤勢拉回的干擾，再者，必須遵守嚴設停利點的機制，否則，股災一來，獲利回吐，甚至大賠，就更需時間來重新累積進場信心與資金。

所以，結論是，無法掌握盤勢，或看不懂行情，先停利一次，真的也無妨。留得青山在，永遠不怕沒柴燒！

台股創新高，極有可能你的台股基金還賠錢！

2007 年夏天，台股快衝上 9000 點時，因工作關係，拜訪了一位基金經理人，深感他邏輯清楚、思緒敏捷，且近一年績效佳，於是，隔天便單筆買進這檔基金。

到了 10 月，台股最高漲到 9859 點，我的獲利也超過一成，當時市場充斥著「挑戰萬二」的樂觀氣氛，我盤算著至少要賺 15％才出場，沒想到，台股反轉向下，原本還在掙扎是否要停損，伴隨著跌勢擴大，且跌速過快，我只能安慰自己，「反正是閒錢，撐一下沒關係，等台股漲回萬點，就能虧轉盈。」

這個想法很天真，後來，台股跌破 4000 點，一直到2015 年，才又站回萬點，也就是我整整花了八年，才又等到萬點。

然而，令我驚訝的是，站上萬點那天晚上，我歡欣鼓

舞的以為，這筆基金好歹可以賺個一成吧，當我查到淨值，下巴快掉下來了，怎麼搞的，我居然還虧了 5％！真的不太可思議了……

○ 頻換經理人不是好事

我仔細研究了一下，原來，我的運氣有點差，就在攻萬點的那半年，這檔基金的績效特別落後，不僅落後大盤，也落後同類型，猜想也可能是這個原因，經理人頻頻更換，連投信公司都不滿意。

這給我一次教訓，說明單筆買基金變數真的很多，也養成我日後挑基金的兩個好習慣。第一，不太碰連續不滿一年就換經理人的基金，也許外界無法得知投信公司的內部運作，但頻換經理人，多少都對操盤穩定度造成影響，直接就會反映在淨值變化。

其次，持續追蹤買進基金在同類型的排名變化。就跟讀書考試一樣，連我們自己都無法永遠考前三名，對於基金績效，也不必用太過嚴苛的標準，只要中長期績效相對突出，我認為，就是一檔值得擁有的好基金。

中長期績效相對突出的標準是什麼？各界看法也許不同，一般認為，台大教授邱顯比和李存修老師所設計出的「四四三三法則」，可當作重要參考。

第一個「四」：指一年期基金績效排名，位居同類型前四分之一；

第二個「四」：指兩年、三年、五年，以及年初至今，基金績效在同類型中，排前四分之一；

第一個「三」：六個月基金績效排名在同類型前三分之一；

第二個「三」：三個月基金績效排名在同類型前三分之一。

○ 應追蹤每月績效排名

這個方法非常嚴謹，不少基金界的前輩也廣為推廣。我在實務上運用時，偶爾曾遇到小困難，就是當行情面臨大修正，能完全符合「四四三三」法則的基金並不多，以寫稿日當天（2021 年 7 月 22 日）來說，大盤指數還在萬七，但完全符合「四四三三」法則標準的台股基金，只有安聯台灣大壩、統一黑馬、新光店頭、統一奔騰與瀚亞高科技這五檔。

為了避免有遺珠之憾，我把標準稍微放寬，只要短中長期績效能在同類型前三分之一，且買進後，每月持續追蹤排名，只要能續保領先地位，那麼，就無需考慮轉換標的；反之，假設排名直直落，就應思考是否該先賣一趟，再尋找下一檔適合的基金。

至於同類型基金排名的評比，許多網站都有相關資

料，讀者可善加利用。以寫稿日當天為基準日，台股一般
股票型基金一個月績效冠軍，是凱基台灣精五門，

報酬率為 11.54％，透過鉅亨網的資料，可掌握到這檔
基金短線績效突出，半年大贏 84％的同類型基金，但長期
較不理想，五年只贏 13％的同類型基金（詳見表），是否
適合布局買進，就看投資人在乎的是較短期績效，或中長
期績效了。

凱基台灣精五門基金績效表現

績效表現								更新日期：2021/07/21
	一個月	三個月	六個月	今年以來	一年	三年	五年	十年
基金績效	11.54%	11.63%	27.24%	32.54%	48.18%	80.99%	96.67%	155.29%
基準指數	-0.17%	-0.91%	3.76%	16.41%	47.32%	91.95%	150.32%	204.74%
同組平均	4.83%	5.73%	17.48%	26.33%	42.95%	72.10%	146.96%	204.96%
同組排名	3/161	27/160	26/159	44/158	53/153	40/123	98/112	75/109
贏過N%基金	98%	83%	84%	72%	65%	67%	13%	31%

資料來源：鉅亨網

CHAPTER 6
【實戰篇 II】

定期定額
操作心法

....

定期定額投資基金的操作關鍵,在於堅守「微笑曲
線」。遭遇景氣循環的低谷時,中途不停扣,等到景
氣反轉向上,來到另一個高峰,就能漂亮獲利出場。
此外,因應資金多寡與投資風格的不同,你也可以考
慮搭配單筆操作賺更多,或同時投資二至三檔基金。

....

「一般的傻瓜，
在任何時候都會做錯事情；
華爾街的傻瓜，
會認為自己一定要時時刻刻都在交易。」
——傑西・李佛摩（Jesse Livermore）

用微笑曲線克服股災，平均報酬都有兩成

「啊，本土疫情大爆發，我才剛進場買台股基金，雖說定期定額是王道，但看著淨值往下掉，內心很糾結，是否該再繼續扣款下去？」

「老師，台股已經回檔到 17000 點了，萬一再跌個三千點，我是否先停扣，等大盤確定落底，再來進場扣款會賺更多？」

每次遇到股災，看到對帳單上面的績效統計，難免心情大受影響。可是，就台股平均每三年走一次循環的慣性來看，一旦跌勢來臨，跌速都很快，凡是定期定額操作者，更該堅守「微笑曲線」，中途不停扣，等景氣反轉向上，來到另一個高峰，就能漂亮獲利出場。

2-2 當中，已用統一大滿貫為例，說明即使 2000 年高點進場，歷經景氣衰退與谷底，堅持直到 2007 年才出

場，都能獲利一倍。請容許我再精準敘述，微笑曲線有三大精髓。

❶ 分散風險與攤提成本：

沒有人能永遠精準預測台股每個波段的高、低點，透過定時定額，每月在固定的時間，以固定的金額扣款，最能有效對抗波動，並累積報酬。

當台股來到高點時，同一筆錢可買到的基金單位數變少，相反的，當台股來到低點時，同一筆錢便可買到更多單位數，長期下來，平均申購成本就會降低。以國泰投信試算結果顯示，基金淨值 10 元進場，採定期定額方式，即使淨值跌到 8 元、6 元都不停扣，當淨值回升到 8 元時，平均成本已攤提至 7.32 元，步入獲利階段。

持續扣款不間斷，當淨值又回升到 10 元，平均成本略提高到 7.66 元，但此時停利出場，整體獲利竟高達三成，這就是定期定額的驚人魔力！（詳見右頁圖）

所以，自此也延伸出微笑曲線的另外兩個精隨，就是越扣越賠錢不必害怕，以及高點不停利一切白搭，唯有扎實的走過微笑曲線的兩端，才能持盈保泰。

定期定額微笑曲線

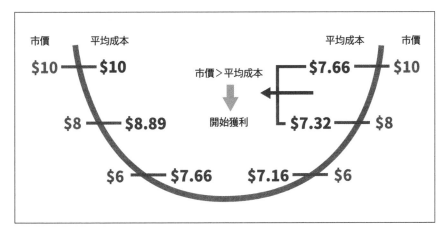

資料參考：國泰投信

❷ 越扣越賠錢不必害怕：

當全球股災來臨時，台股必定跟跌，即使再績優的台股基金，淨值也會猛掉。此時，最大的投資敵人，不是市場，而是自己，因為歷史經驗早已證明，淨值跌越凶，投資人越急著想停扣，早忘了不應中途停扣、不必害怕的鐵律。

其實，從 2007 年至今，無論是高點進場，或低點進場承作定時定額，平均投報率都在 20％左右（詳見下頁表），因此，定時定額真的毋須執著進場的時間點。

表1 高檔進場買台股基金報酬

進場點	扣款起始年月	波段扣款期間	波段報酬率（%）
高點 1	2007.10	40 個月	31
高點 2	2011.1	52 個月	19
高點 3	2015.4	34 個月	19
高點 4	2018.1	24 個月	12
高點 5	2019.12	14 個月	25
高檔進場平均報酬			21.2

資料來源：統一投信／統計期間：2007 年 10 月至 2021 年 1 月，
以台股加權指數為投資標的，每月月底定時定額投資 1 萬元

表2 低檔進場買台股基金報酬

進場點	扣款起始年月	波段扣款期間	波段報酬率（%）
低點 1	2009.1	25 個月	30
低點 2	2011.11	42 個月	19
低點 3	2016.1	25 個月	17
低點 4	2018.12	13 個月	12
低點 5	2020.3	11 個月	23
低檔進場平均報酬			20.2

資料來源：統一投信／統計期間：2007 年 10 月至 2021 年 1 月，
以台股加權指數為投資標的，每月月底定時定額投資 1 萬元

再看看另一個統計，定時定額投資台股基金超過三年，獲得正報酬的機率約 88％，五年以上正報酬機率更衝高到 95％，凸顯出長期投資的重要性。

再次提醒，面對股災，越扣越賠錢，是正常現象，千萬不必停扣出場，一停扣，就是失去累積單位數的好機會，唯一要做的事，就是觀察手中基金是否依舊在同類型中續保領先。

❸ 高點不停利一切白搭：

高點來了，到底要不要停利？市場上，每個人的做法都不一樣，但以我經驗，仍需要停利，否則，極有可能變成做白工，一切白搭。

停利是指獲利的部分先贖回，轉至固定收益型商品，像是債券型基金，先保住獲利，或者等待時機，再出手買進更有潛力的標的，但前提是，原本的基金持續扣款不中斷，這樣才能用微笑曲線度過多次景氣循環，長線累積報酬。

假設某支基金，投資人在淨值 6 元時，開始定時定額扣款，一路漲到了 8 元，甚至 10 元，但之後遇到了股災，又從 10 元跌回到 6 元，此時平均成本已變成 7.6 元，倘若決定要出場，在淨值 6 元時全贖回，虧損高達 27％。

　　但如果在淨值 10 元附近，持有成本攤提至 8 元時先停利一趟，那麼，還有保有兩成利潤。先停利一趟，先將部分資金落袋為安，內心會更為踏實。

2 定期定額 搭配單筆加碼賺更多

　　曾有觀眾在我的 YT 節目留言，「定期定額是傻瓜投資術，賺得太緩慢，還不如買航運股可以獲利倍增！」

　　這樣的留言，我十分不認同。一來，定期定額絕非傻瓜投資術，光是如何選到一檔績優的基金，就是一門學問；其次，航運股大起大落，2021 年上半年股價表現風光，但下半年迅速回檔，已有不少「少年股神」翻船，爆發多起違約交割。

　　所以，與其說定期定額是傻瓜投資術，不如說是穩健投資術，就如同王永慶先生的經典名言，「你賺的一塊錢，不是你的一塊錢；你存的一塊錢，才是你的一塊錢！」買股買基金也一樣，「你短暫賺的一塊錢，不是你的一塊錢；你長期賺的一塊錢，才是你的一塊錢！」

　　回歸正題，想拉高定期定額的獲利率，定期定額搭

配單筆操作，會是最簡單且容易執行的方法。但何時單筆加碼？資金比重如何拿捏？以下就我的親身經驗，給讀者參考斟酌——

❶ 定時定額虧損兩成以上，可單筆加碼：

如前面幾個章節所說，台股多空循環快，當定期定額虧損幅度已超過兩成，就表示台股已有波段跌幅，此時，搭配單筆進場，長線都會有不錯的利潤。或許有人會問，「萬一單筆進場後，又繼續下跌，該怎麼辦呢？」

沒錯，台股每次回檔幅度不同，兩到三成都有可能，甚至熊市來臨時，極可能腰斬，所以，單筆加碼的資金不能太多，免得短線套牢受不了震盪，想停損時卻又賣在相對低點，就太可惜了。

❷ 單筆加碼資金最好不要超過定時定額總資金的三成：

請記住，單筆加碼是為了提高定期定額的整體投報率，而不是為了拉高風險，因此，單筆加碼無論總共是分幾批買進，加總起來的資金，最好不要超過長期定期定額的三成，如此一來，即使當單筆短暫陷入虧損，才不會破壞定期定額的績效穩定度。

舉例來說，假設定期定額兩年，總投資 50 萬元，虧損

兩成，也就是虧損 10 萬元，此時單筆加碼，總投入資金就不能超過15 萬元，因為若剛好遇到股災，短線再急殺一成，單筆投入的 15 萬元，就會再賠 1.5 萬元，心理略有壓力，但還不至於來到臨界點。

如果單筆共加碼 50 萬元，虧一成就是虧 5 萬元，恰好就是定期定額兩年虧 10 萬元的資金一半，相信內心會非常煎熬，不僅失去向下加碼的勇氣，也會懷疑定時定額的成果。

❸ 排名往下掉的基金無需單筆加碼：

有些台股基金的續航力讓人不敢恭維，可能績效只強悍幾個月之後，排名就一直往下掉，原因不外乎：明星基金經理人跳槽、重壓的投機股從高點崩盤、始終跟著別家投信買股淪為抬轎……

不明就裡的投資人，會套用「淨值越跌越要買」的準則，以為單筆加碼必能拉抬總報酬，事後才發現，不僅利潤差人一截，也擔誤了時間成本。值得單筆逢低加碼的基金，一定是長線績優好基金。

很多年前，有檔很火的台股基金，績效奪下年終排名前五，也被許多投資人追捧，申購率大增。可惜到了隔年，所重壓的前幾檔持股，股價紛紛大跌，儘管投資圈耳語不

斷，但也未有任何不法的實證，倒是淨值從此一蹶不振，直到近年才又回升。

　　遇到這種情況，實在無需單筆加碼，而應痛定思痛，思考轉換適合標的，盡快挽救自身資產，才是明智的決定。

3 旗艦型基金績效遇亂流，該怎麼辦？

「燕俐老師，我聽過妳的演講，2020 年夏天，買進復華中小精選基金，可是，經過三個月之後，發現績效非常普通耶，我是否應該轉換標的了？」

「老師，妳曾經評選過野村優質算是旗艦型基金，2021 年第一季確實名列前茅，但到了年中，排名卻有點往下掉，發生了什麼事嗎？我還要繼續定期定額扣款嗎？」

投資人真的很可愛，問題百百種，但最相似的情況就是，只要發現買進三個月之後沒漲，就會心急如焚，懷疑著是否該繼續扣款下去。

其實，長線績優基金短線遇亂流，乃家常便飯，主要是多頭時代，類股會輪動，即使再厲害的基金也不可能天天漲、月月漲，就如同那些奧運選手，比賽期間只要有正常發揮，奪牌希望就大增，但很難要求次次奪金，因為奪

金真的太需要天時、地利與人和的搭配。

以復華中小精選來說，長線績效遠勝大盤，自 2001 年 4 月至 2021 年 6 月底，共累積多達 1245％的績效，如果只單看 2020 年這一年，績效 37.34％，與 0050 的 32％相較，真的並不突出；但到了 2021 年，隨著中小型股飆漲，年初至 8 月 3 日，復華中小精選表現大噴發，獲利 39.52％，又大贏 0050 的 16.5％，與大盤指數相比，年年績效不是貼近，就是領先。（詳見表）

類股輪動快速，布局旗艦型基金須有耐心

期間報酬率（％）	半年	1 年	3 年
復華中小精選	33.18	78.66	60.61
台股指數	20.52	52.78	63.84

統計日期：2021 年 6 月 30 日

野村優質也有類似的故事。重要持股多以電子股為主，當航運股狂飆時，短線績效就比較寂寞；而伴隨美國政府決定調查航運附加費用的合理性，加上航運籌碼過亂，股價大回檔，野村優質的排名又往上升。

所以，這兩個故事可以給大家幾個啟示——

❶ 堅守定期定額看長的心態，不必為了短線績效而焦慮：

焦慮並無濟於事，也不會促使手上基金大漲，但趁機釐清所持基金績效下滑的原因，反倒有助投資信心，讓定期定額之路走得更長遠。

那麼，要如何釐清原因呢？除了研究一下月報，了解操盤人目前的持股重心與變化之外，如果還是摸不著頭緒，可以上網與網友們互相討論，甚至直接打電話到基金公司詢問，資訊越多，越能做出正確的判斷。

❷ 天天與週週看績效，好基金抱不久就賺不到：

多年前，我曾介紹一群一起運動的朋友們，買進旗艦型基金。到現在，多數人獲利豐厚，但也有其中一、兩位進帳較少。原本我不太理解，明明進場時間點差不多，基金績效也相去不遠，何以年化報酬差一成多。

一問之下才發現，其中一位新手，天天看淨值，心情跟著七上八下，只要發現績效轉負，隔月就停扣，當績效轉正來到 5％，就立刻停利，完全忘記了定期定額的精神。

因此，我常開玩笑說，「好基金真的不需要天天看、週週看績效，買到忘了它的存在，一個月看一次，才是最高境界！」好基金值得長抱，抱的久也才賺得到。

❸ 小亂流寬心度過，大亂流則要繫緊安全帶：

就如同搭飛機遇到亂流一樣，如果只是小亂流，無須在意，也不必緊張；一旦機師發現即將面臨較大的亂流，就會提醒乘客務必繫緊安全帶，以防意外發生。

在基金理財的世界，繫緊安全帶、進行保護資產，有幾種作法，除了配置固定收益商品之外，逢高停利先落袋為安，在面對績效降低的大亂流時，較能從容以對。停利點的設定，每個人標準不同，近年來隨著基金平台發展越成熟，我找到了一個很適合自己的方式。

有的基金平台在停利機制上，會設計可以「指定贖回」，也就是每個月扣款金額相同、但報酬率不同，我會針對其中某幾個月扣款已達停利點，先進行贖回停利，其餘月份繼續擺著，並且持續扣款，這樣一來，既有賺錢的成就感，同時，萬一真的大亂流來了，也才不會產生「早知道就提早賣一些」的遺憾。

總之，亂流一定會遇到，只是不確定何年何月何日，而最適合自己的應對方法，就是好方法！

 **停利點怎麼設？**
停利後，錢又該往哪裡擺？

定期定額停利點的拿捏，遠比單筆來的單純許多，因為單筆只要一不小心錯過停利區間，極有可能淨值一去不復返，要再創高，也許要等三到五年後，另一次多頭的再起。

○ 定期定額停利三關鍵

定期定額大不同，無須研判大盤高低點位置，隨時可進場，並嚴守停利機制，時間到了，必有收穫。那麼，停利點該怎麼設？10%會不會太少？30%會不會太多？以及停利之後，錢該往哪裡擺？一直是許多理財新鮮人心中的疑問。

就我和投資圈朋友的經驗，歸納出下列幾個方法，提供給讀者當作參考。

❶ 進場時點：

與單筆停利的觀點有些雷同，股市創高後才進場定期定額扣款，很擔心大盤隨時來個大修正，就可將停利點設少一些，像是 10％到 15％；如果股市已從高點下跌一波，停利設個 20％以上，並不為過。

而在設停利區間時，也可依自身的風險屬性，決定是要設高標或低標，通常風險承受度越高、越年輕者，可以忍受較大波動，停利標準拉高至 25％甚至 30％，也是被允許的。

❷ 分批停利：

市場上也有人採取的是四到五等份的分批停利方法，每賺 5％便贖回 20％的資金，這樣的好處是，能同時兼顧獲利與風險。舉個實際例子，定期定額總投資金額 50 萬元，當獲利 5％也就是 2.5 萬元時，先贖回 10 萬元本金，但持續扣款；剩下的 40 萬元，繼續投資，等再獲利 5％，再贖回另一批 10 萬元，依此模式持續下去。

等份分批停利沒什麼大學問，可以使用自己習慣的APP 設定停利通知，唯一需留意的是，台股多頭時代，5％停利常常很快就來到，難免會讓理財小白陷入掙扎：「啊，才買不到一個月就來到停利點，可是真的因此要停利嗎？

還是要再等等？」建議投資初期，對基金理財熟悉度不高，應先遵循既有的原則，等日子久了，越來越得心應手，再來滾動式調整停利機制，會更有心得。

❸ 投資時間：

我曾讀過幾份針對基金理財的碩士論文，當中有位研究生的結論，讓我印象最深刻，他提到，「如果打算長期投資，可以定期定額三年以上，那麼，三成停利點是最佳策略。」當中的試算模型有些複雜，在此不多贅述，但頗符合我在本書中多次強調的，台股平均三年走一個多空循環，尤其是高點才進場，遇到熊市，股市回檔超過三成以上，只要堅持持續扣款，當大盤位置又回到另一個高點，大約都能有兩成以上的獲利（相關細節請見 6-1）。

股市千變萬化，真不知怎麼停利，記住這個「三三原則」：投資三年，停利點設 30％，對很多新手來說，應該是相當受用。如果有人問，「燕俐老師，我比較膽小，我只想設 25％，可不可以？」天底下沒有什麼不可以的，只要你滿意、開心，不抱怨少賺，怎麼設停利都行。

⭕ 停利之後，錢往哪裡擺？

然而，比較麻煩的是，停利之後，錢到底該往哪裡擺？

一般建議會轉至固定收益商品，一來穩收息，再者也能達複利功能。所謂固定收益商品，包括：政府債、投資級債與高收益債等，我較不建議的是高收益債，因為高收益債的連動性與股市同步，每逢股市大跌時，高收債也常跌得鼻青臉腫，把台股基金賺來的錢，全投入高收債基金，讓資產暴露在另一個風險，我認為邏輯不太通。

相反的，停利後的錢，一部分繼續投入自己有把握，認為會續漲的股票型基金，另一部分投入政府債或投資級債基金，老老實實的領政府和績優大企業配給你的債息，堪稱幫資產建立最安全的防護網。

理財筆記

政府債、投資級債與高收益債的差別

債券，就是債權憑證，簡單來說，就是發行機構為了籌措資金，而跟投資人借錢，並承諾會固定支付利息。如果發行機構是政府，就稱「政府債」；當發行機構是信用好，財務體質佳的企業，就稱為「投資級債」；發行機構是信用比較差的企業，就稱「高收益債」。

說穿了，高收益債（High yield bonds）就是垃圾債（Junk bonds），當金融危機來臨時，部分高收益債企業有倒債危機，為了吸引投資人認購，常會祭出較高的配息，動輒 8% 起跳，十分吸引人。

當股市多頭時，高收債基金配息突出，淨值表現也不錯，很能讓投資人滿意，但當股市回檔時，一旦淨值下跌，就可能動用到本金來配息，等於是自己配利息給自己，並沒有占到多大便宜。站在配置的角度，我較不建議全部資金都投入高收債，而應分散到利息雖較低，但也較無倒債風險的政府債與投資級債。

台股基金該扣幾檔？
一檔或二到三檔？

我的主張向來是，假設對挑台股基金沒有把握，或者對基金未來的續航力有些擔心，以 0050 搭配台股基金，前者賺指數行情，後者賺經理人操盤績效，兩者相加，威力更強。

○ 越單純，越能看清本質

但問題來了，很多理財小白會問，「現在定期定期門檻降低了，很多平台降至每月只要 1000 元，可是，我手上有 3000 元到 5000 元的預算，是該扣一檔基金，還是兩檔以上？」

理財的路上，我偏好單純。越單純，越能看清事情的本質，也較能輕鬆駕馭。我有位朋友，資金較多，很害怕會選錯股，每次只要進場，就會買個二十到三十檔股票，也許每檔都只買個一、兩張，但他認為，即使其中幾檔沒漲甚至虧損，只要另外幾檔小賺或大賺，整體

是淨報酬就好。

有次,我忍不住問他,「一次買三十檔股票,應該很不容易管理吧?為何不乾脆直接買 ETF 或基金,反正也是一籃子股票的概念,也能達到分散風險的效果。」朋友的答案很妙,「要一口氣管理三十檔股票確實不容易,要透過 excel 表才能完整掌握盈虧狀況,與其把命運交給基金經理人,不如自己當命運的主人!」

○ 買越多檔管理成本越高

嗯,我只能說,每個人的投資性格不同,就會導致不同的投資結果。不能忽視的是,無論股票、ETF 或基金,買越多檔看似越分散,實際上需要花的管理心思與成本,絕對會相對增加。

我的建議是,無論每月可扣款資金多少,0050 是主軸,所搭配的台股基金檔數,可從幾個層面來思考。

❶ 只想買一檔,就選一般股票型基金:

一般股票型基金選股範圍比較彈性,基金操盤人的發揮空間比較大。由於類股會輪動,各類基金績效也會跟著時有起伏,如果真的不想傷腦筋,只想選一檔台股基金,真心建議就選一般股票型基金。

至於一般股票型基金要選哪一檔，本書前面的章節已有許多分析，我個人還有另個心得，就是買你熟悉的投信公司，無論國泰、統一、安聯、復華、野村等等……都好，只要熟悉就容易產生信心，一旦有了信心，萬一遭遇股災，也才有持續扣款，甚至單筆加碼的動力。

❷ 想買兩檔，選一般股票型搭中小型：

就過去經驗，中小型類股股價不動則已，一動往往相當驚人，使得投報率也十分傲人，2021 年上半年，就出現了這個現象，台灣中小股票型基金平均績效高達 33.13％，不僅打敗大盤，也在全球股票型基金中名列第二，僅次於能源商品，讓不少只鎖定大型股票型基金的投資人，扼腕不已。（詳見右頁圖）

可是，如果只單買中小基金，萬一大盤在飆漲，權值股占比不高的中小基金，績效可能無法同步走高，因此，我才會建議，假設預算夠，可以 0050 搭配兩檔台股基金，這兩檔就是一般股票型加中小型基金，如此一來，大型股和中小型股獲利一起兼顧，風險也一起分擔。

❸ 想買三檔也行，最好不需要超過五檔：

與其扣五檔台股基金，不如就真的只扣一到三檔，其

餘的預算，就去買美國股票型基金，或自己特別看好的區域型股票型基金，也許是東協，也許是新興市場，如果更有把握，想扣單一市場，像是印度或越南，也是可行的方向，因為這兩個國家各有國際上的競爭優勢，長期趨勢值得期待。

扣五檔以上台股基金，除非類型不同，像是分別扣一般型、科技型、中小型或平衡型，或者同一類型但因長期績效太相近，實在難以抉擇，否則，集中在同一類型並沒有太大意義。

2021 年前七個月全球股票型基金績效排行

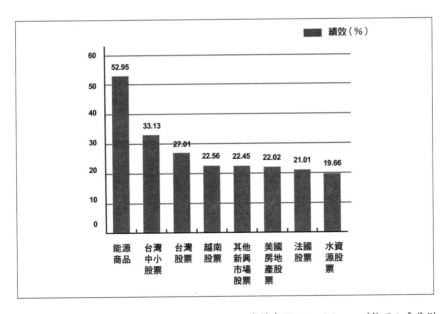

資料來源：StockQ.org ／整理：盧燕俐

CHAPTER 7

【股災篇】

股災來了，我的 0050 跟基金
賠錢該怎麼辦

台股「牛長熊短」，我都建議投資人「盡量做多，不要
隨意做空，因為一直做空很難賺到錢」。但為了預防萬
一，預防性的手段還是不可少。本章會一一分析停損的
方法與其他號稱抗跌、抗股災的標的，供讀者應變參考。

「我知道我會犯錯，

這讓我想到就充滿不安全感。

不安全感讓我保持警覺，永遠準備好修正錯誤。」

——喬治·索羅斯（George Soros）

1 # 股災來了，單筆買的 0050 可以不停損嗎？

　　多頭時代，0050 怎麼買怎麼賺，即使短期套牢，牙一咬，忍一下，就海闊天空。但行情總在樂觀中毀滅，單筆買進的 0050，一旦遇到股災，跌勢凶猛又驚人，該不該停損？又要如何停損？也是一門大學問。

　　本書 1-1 已提及，0050 自 2003 年發行以來，至今只有四年虧損，其餘十五年都是正報酬（詳見 1-1），單看表面數字，很容易讓投資人刻意忽略，原來買 0050 也可能賠錢。

　　0050 過去一共遇到五次股災，每次的波段跌幅不同，跌最深的是 2008 年金融海嘯這次，從最高 72.11 元，快速跌至 29.24 元，只花了一年多的時間，淨值就重挫近六成；其次是 2020 年的新冠疫情，0050 也只用了兩個月，就從高點 98.69 元跌到 69.1 元，大跌三成，其餘三次的跌幅，

則多落在兩成多左右（詳見表）。

歷年股災 0050 淨值表現

時間	淨值高點	淨值低點	波段跌幅（％）
2004.3	52.91	41.09	22.4
2007.10	72.11	29.24	59.45
2011.2	62.76	46.8	25.5
2015.4	72.92	55.73	23.6
2020.1	98.69	69.1	30

資料來源：基智網／整理：盧燕俐

可見，除非是遭遇全球金融的系統性風險，單筆買進0050較可能腰斬，否則，幾乎都是屬於合理性的修正，回檔兩成後再繼續往上攻，走入另一次的多頭循環。

換句話說，即使是全台灣最倒楣的投資人，每次單筆買0050，都買在相對高點，撇除系統性風險不談，最差的情況，就是淨值跌兩成、資產縮水兩成。賠兩成算多還是少？相信每個人的標準不盡相同。

對保守穩健族群來說，兩成幅度不小，投資100萬元，就虧損20萬元；對大膽積極族群而言，賠兩成還好，總比買到下市股變壁紙，要來的好太多！因此，單筆買0050遇

股災，要不要停損？就衍伸出以下不同的思考層面。

❶ 如果是保守族群，可先部分停損：

部分停損的好處是，起碼不用天天去猜明後天是否會反彈，還是會再繼續暴跌，大幅減輕內心壓力，同時，當跌幅夠深時，也才有多餘的子彈加碼攤平。

不過，基本上如果是保守族群，布局0050，採取定期定額方式還是優於單筆，畢竟0050的波動幅度並不低，與價值型的台股基金、投資等級公司債基金相比，震盪都偏高，並不適合保守族單筆一次全部重壓。

❷ 如果是積極族群，更要分批停損：

我周圍的積極族群，大多會利用0050賺取波段行情，對短線敏感度極高，嚴設停利停損機制，更是致勝的不二法門。有些積極者甚至在0050賠10％到15％、自認看錯大盤指數時，就會先停損離場，先離場先冷靜，思考周全，再靜待下次的出手時機。

所以，停損沒什麼不好，反倒醞釀了下一次反敗為勝的契機。

❸ 如果用閒錢，要放長可考慮不停損：

　　只要是用閒錢買，即使整體資金虧損兩成，也自覺不會影響生活品質，並且也打算長期持有，擺長五到十年以上，要賺台股的循環財，那麼，不積極停損，耐心靜待下次多頭再起，也是可行的方法之一。

　　因為不管何時進場，跌至最低點後，歷經多次多空循環，0050 淨值至今還在百元以上，說明了台股歷年平均現金殖利率高達 3.5％，在許多外資機構看來，極具長線投資價值，而 0050 正是最安全的標的之一。

　　總之，單筆是否要停損，還是取決於投資人的心理素質，實務上，常常看盤、對淨值變化瞭若指掌的人，很難做到不停損不停利；只有買進之後偶爾看盤，歷經崩盤後又大漲，多年後也停利在高點，才會認為 0050 在投資過程中，完全不需停利停損。

買台股高息基金可以抗股災嗎？

「燕俐老師，我比較保守，也快到退休年齡，很怕一進場買台股基金，遇到股災就大賠，如果鎖定的是近年風行的高息台股基金，感覺上配息穩定，基金績效表現也很不錯，是否較能安然度過可能發生的股災？」

現在的退休族，以及屆齡退休人士，並不滿足於只有穩定的配息，最希望能選到的台股基金是，配息與淨值兩頭賺。投信公司聽到了大家的聲音，這兩年，主動型的高息基金，紛紛募集上市，有月配、季配、半年配等不同的選擇，剛好適逢台股多頭，績效都不錯。

其中，最受矚目的，當屬元大台灣高股息優質龍頭基金，以高股息與優質龍頭股為訴求，2020 年 3 月底成立時，因 10 元掛牌價實在太親民，規模很快就衝到百億元以上，擠下不少老牌台股基金，再加上獨特的月配息與年終加碼

機制，深受小股民喜愛，至 2021 年底，配息與不配息兩種級別加總，規模已突破 300 億元，成為全台最大的主動型台股基金。

據 2022 年 1 月號月報，這檔基金的前十大持股，分別是台積電、聯電與聯發科，持股比重依序為 8.28％、4.64％與 4.43％，可以想見，台積電股價變化影響基金淨值趨勢。

隨著台積電股價在 2022 年 1 月中創高，來到 688 元，基金淨值也創下 15.89 元的新高。更讓投資人開心的是，由於 2021 年締造了 25.81％的好成績，使得「年終配」加上「月配」金額驚人，共計 2.2537 元，換算年化配息率高達 18.48％。

儘管許多專家都看好台積電未來競爭力，但別忘了，2022 年國際股市充滿變數，美國縮減 QE、升息和縮表全擠在同一年，光是 2022 年 1 月，美股就已腥風血雨，新創股紛紛大跌，台股難保不受波及。

所以，想布局元大台灣高股息優質龍頭基金，應抱持著較健康的心態，千萬別誤以為年年鐵定都能「年終配」18％，不以過高的期待標準，來持有這類主動型高股息基金，相信就能抱得久，月月領息越領越開心。

另外，其他的高息基金，像是：國泰台灣高股息、復華台灣好收益、富邦台灣永續發展高股息，及永豐台灣

ESG 永續優選等，2021 年全年績效，大多落在三成到五成之間，比起 0056 的不到兩成，相對突出，在在說明透過專業經理人的選股，這種主動型的高息基金，也能創造較佳利潤（詳見下頁表）。

尤其值得說明的是，國泰台灣高股息，績效之亮麗，似乎顛覆了投資大眾對高股息的想像。2021 年上半年因積極布局航運股，搭上「航海王」熱潮，全年報酬將近六成，打敗許多科技型基金，到了下半年，又重新配置，操作相當靈活。配息部分，採取月配息，以 2022 年 1 月配發 0.282元來算，年化配息率也有 3.33%。

同樣的，成立宗旨並非「配息」，而是採資本利得「分紅」的復華台灣好收益，2021 年 1 月才成立，2021 年 8 月首次分紅，金額是 1.095 元，年化配息率也高達 17.53%，讓不少投資人趨之若鶩。

讀到這兒，相信不少讀者開已始混淆，該如何評估這些主動型高股息基金？我有三個建議——

❶ 不必執著單次配息，穩定配息更重要：

主動型高息基金的配息，大多來自所持有個股的配息，以及整體基金的資本利得，前者比較固定，也容易評估，但後者充滿變數，會隨著績效上下起伏，也就是，基

台股高息基金表現

基金名稱	2021 年績效（％）	配息頻率	最近一次配息狀況
元大台灣高股息優質龍頭	25.81	月配、年終配	2022 年 1 月配發 2.2537 元，年化配息率 18.48％
復華台灣好收益	28.94（2021 年 1 月 11 日才成立）	半年分紅一次	2021 年 8 月配發 1.095 元，年化配息率 17.53％
富邦台灣永續發展高股息	39.85	季配、年終配	2021 年 12 月配發 0.75 元，年化配息率 19.76％
永豐台灣 ESG 永續優選	30.75	年配	2021 年 11 月配發 0.7428 元，年化配息率 5.05％
國泰台灣高股息	57.85	月配	2022 年 1 月配發 0.282 元，年化配息率 3.33％
對照 0056	19.39	年配	2021 年 10 月配發 1.8 元，年化配息率 5.56％

資料來源：各投信公司／整理日期：2022 年 1 月 31 日／整理：盧燕俐

年化配息率的計算公式是：「每單位配息金額÷除息日前一日之淨值 x 一年配息次數 x100％」，為年化估算值。需留意年化配息率為預估值，非實際全年配息率，且過去配息率，不保證未來配息率。

金操盤績效好，無論是「半年配」或「年終配」，都能令人驚艷，但一旦績效轉弱，配息金額也會跟著下降。

所以，只單看單次配息的殖利率並不公平，而應在乎的是配息的穩定度，越穩定就越能顯示基金公司的操盤保有一定水準，滿足投資人對配息的需求。

❷ 選季配月配年配，視自己現金流需求：

到底該選月配、季配，還是年配？與其一直到處問人，不如傾聽自己內在的聲音，「我每個月的現金缺口多嗎？同樣的配息金額，一年領一次還是分四次領，甚至月月領，哪個能讓我開心？」想清楚了，就比較不會陷入選擇性障礙。

❸ 未來誰最強？能打敗大盤就是好基金：

這些主動型高股息基金，未來誰最強？應該沒有人能掛保證，畢竟「過去績效並不代表未來績效」，但在我心中，只要能打敗大盤指數，帶來超額利潤，就是好基金，就值得長期布局。

至於大家關心的，這類高息基金，能否安然度過股災，必須中肯地說，目前還無法立刻下定論。

　　主要是前述五檔基金，都是在 2020 到 2021 年之間成立，還沒歷經過空頭的考驗，是否能在未來空頭或股災來臨時，戰勝大盤或其他類型的台股基金，還需後續觀察；況且，即使屬性是高配息，骨子裡終究還是股票型基金，當台股大跌時，淨值難免受影響，若要祈求全身而退並不容易，只要能相對抗跌，就堪稱不辜負投資人的期望。

　　這也就是我常跟投資人分享的，「什麼叫做『優秀的基金』？各界標準也許不太一樣，有的人會以『四四三三法則』來評估，有的會參考基金獎，但我認為最基本的要求是：多頭時代，要賺贏大盤和同類型；空頭來了，也要能相對抗跌！」

　　同樣的，高息基金也可依此評斷，而非只看到名稱上有「高配息」三個字，就以為穩賺不虧，研究一下基金的布局重點和配息狀況，就有機會找到「最速配」的高息基金。

3 預防股災，存「台 50 反一」可行嗎？

由於台股「牛長熊短」的特性，我都會建議投資人，「盡量做多，不要隨意做空，因為一直做空很難賺到錢，除非，預判股災來臨，再以『台 50 反一』，也就是連結台 50 指數的反向型 ETF 來避險即可。」

請注意，我的主張是，「以『台 50 反一』來避險，而不是長期存『台 50 反一』」，這兩者之間有若天壤之別。在說道理之前，先講個讓我印象極為深刻的故事。

大約 2019 年 11 月，我去竹科某上市公司演講，會後，一位工程師苦惱的問我，「燕俐老師，我在年初台股漲破萬點時，直覺性的認定未來會崩盤，因此，開始買進『台 50 反一』，而且是用最保守的方法，每月分批買進，也就是從 12 元多的價位開始存，沒想到，今年快過完了，大盤已經漲破 11500 點，『台 50 反一』也跌到剩下 10 元，我

可以繼續存，賭台股總有一天會反轉嗎？」

聽完，我感到十分訝異，工程師居然是用「賭」的心態，而非經過研究透徹，來買賣「台50反一」。然後，我就詢問他當時為何會認為「台50反一」可以長期存？他很有自信地說，「按照過去歷史經驗，台股上萬點，就是過熱的跡象，遲早會崩盤，買這種反向型的 ETF，必賺無疑！」

接著，我與他分享，「台積電股價很強，大盤看來還沒漲完，況且，每一次的金融環境和條件不一樣，很難說上萬點後，大盤必步入熊市；『台50反一』只能當避險，也就是滿手現股，又擔心台股回檔，略為配置即可，如果長期重壓『台50反一』，隨著台股趨勢走多，只怕績效會很淒慘。」

我建議工程師應適時停損，但最終不確定他怎麼處理。2021 年中，台股一度漲到 18000 點，「台50反一」也就節節敗退，掉到 5 元多附近，如果工程師沒有停損，他的第一筆交易，至今大賠近六成，對一名普通上班族來說，會是很大的損失。

為何「台50反一」絕對不能長期存？道理很簡單，這檔 ETF 屬於反向型的 ETF，代號是 00632R，根據發行投信解釋，「盡可能追蹤台 50 指數單日反向一倍報酬的績

效，為操作目標」，翻譯成白話文，就是 00632R 的走勢
與 0050 相反，當 0050 上漲，00632R 就會下跌；相反的，
當 0050 走跌，00632R 就會上漲。

所以，不少看壞台股，又不熟悉做期貨的人，就會買
進 00632R，賺取台股波段下跌的行情，可是，如果只想專
一透過 00632R 的交易，來長期累積財富，就又大可不必。

一來，如前所述，台股牛長熊短，00632R 從 2014 年
10 月底以 19.99 元發行以來，曾因爆發金融海嘯，最高漲
至 22.88 元，但隨著景氣回升，淨值越走越低，以 2021 年
10 月底收盤價 5.56 元計算，重挫超過七成。（詳見圖）

台股牛長熊短，00632R 也長期走弱

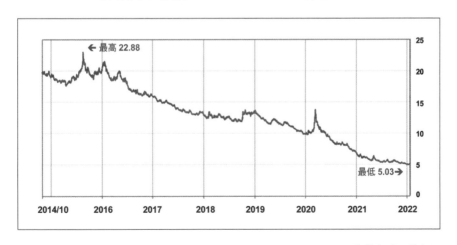

資料來源：基智網

175

　　再者，00632R 操作不易，即使台股走空頭，期間也小幅反彈，一般投資人能否順利獲利，仍是未知數。投資界的共識是，這類反向型 ETF，比較適合專業型的高手或法人機構，散戶們可以拿來短期操作避險，但千萬不要長期持有，或像存金融股一樣，分批每月買。

　　無法掌握 00632R 的屬性與進出時點的人，完全不碰、看看就好，也是一種安全的做法。

理財筆記

什麼是反向型一倍 ETF？

根據證交所定義，反向型一倍 ETF 以追蹤標的指數「每日」反向一倍績效表現為目標，而非「一段期間」內標的指數累積報酬率，簡單說，這樣的倍數成果僅限「單日」有效，連續兩日以上和長期累積的報酬率，將偏離同期間標的指數的累積績效。

聽起來頗複雜，就連發行「台 50 反一」（代號 00632R）的元大投信，都特別提出警語，反性型 ETF 屬策略型操作商品，僅適合短期操作，等影響股市的不確定性因素消除後，務必停損或停利，投資人切勿秉持「跌久必反彈」和「逢低加碼心態」，免得損失加劇。

4 債券基金可以永保平安？錯，還要看投資評級

不少投資人一看到「債券」兩個字，就認定「波動度低」、「股災時最佳好夥伴」，以及「長期持有永保獲利」，大手筆的一次買進，等遇股災或空頭，才發現認知有落差，原來，債券基金也會賠錢。

債券型基金依投資區域，大致可分為：全球型、區域型（如新興市場），或單一國家型（如美國），再依所投資標的信用評等，可分為投資等級債與高收益債，其中，投資等級債指的是，信用級別較高，違約風險很小的公債、市政債或企業債，像是蘋果、亞馬遜等財務體質健全的企業。

單看投資級債基金的年化配息率，因投資組合略有不同，普遍落在 1.5% 到 3% 之間，似乎並不突出，但由於違約率很低，歷年來都控制在 0.5% 之內，信用評等最高的公

司，更是零違約率，讓許多高資產族和保守族群愛不釋手。
（詳見表）

三大歷史事件債券違約情況

標普信評	AAA	AA	A	BBB	BB	B	CCC/C
1990 年 美國經濟衰退	0	0	0	0.57	2.63	11.20	32.56
2000 年 科技泡沫	0	0	0.27	0.34	2.98	11.56	45.45
2008 年 金融海嘯	0	0.38	0.39	0.49	0.81	4.11	27.27

資料來源：標準普爾／整理：盧燕俐
說明：依標準普爾設定，信用評等被規為投資等級包含 AAA、AA、A、BBB，其他皆為非投資等級，且字母越多評級越高，AAA 的評級就優於 AA，其次才是 A，B 與 C 情況依此類推

相較下，高收益債的特色是，財務不夠穩定，為了吸引投資人認購，只好祭出較高的利率，像不少石油與天然氣公司皆屬此類，也讓高收債基金的配息率，動輒是投資級債的一倍起跳。

重點來了，多頭時代，高收益債基金的違約率多落在3％之內，還在法人機構可接受的範圍，且投資人每月有利息可以領，人人笑開懷；可是，空頭時代，這些企業的償債能力受到質疑，違約率也飆升，以 2000 年網通泡沫化與

2008 年全球金融海嘯來說，違約率就進一步衝高到 10%以上，使得高收債基金淨值大跌，跌幅並不輸於股市。

以國人非常喜愛的聯博全球高收益債為例，2007 年 5 月，全球股市持續走多，淨值一度攀高來到 5 美元，但之後爆發了金融海嘯，績效直落，最低跌至 2.8 元，看得大戶們心驚膽顫，幸好，熊市一年多就結束，基金淨值迅速反彈，2009 年 9 月，又回到了 4 美元。

高收債基金遇空頭跌勢也很驚人，以聯博高收債為例

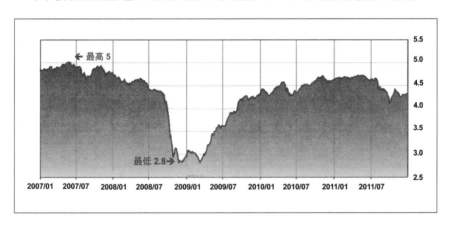

資料來源：基智網

所以，買債券基金一定能對抗股災，絕非正確說法。事實上，高收益債的漲跌幅趨近於股市，而投資級債不易暴漲暴跌，確實較耐震，每當市場出現不安情緒時，總能吸引大批資金，成為市場避風港。

　　以我個人非常喜歡的富達美元債基金為例，公債加跨國主權債合計超過六成，股市多頭時的績效，當然比不上股票型與高收債基金，但股災期間，非常抗跌，同樣 2008 年金融海嘯期間，淨值從 2008 年初的高點 10.7 美元，跌到低點 9.412 美元，跌幅也不過 12％，之後甚至一路走高到 13 美元。

高信評債券基金空頭最抗跌，以富達美元債為例

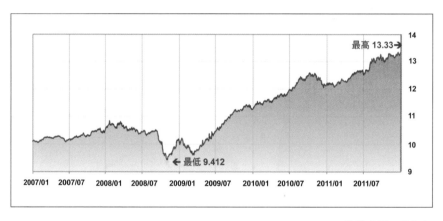

資料來源：基智網

　　為了避免投資人被誤導，主管機關金管會已要求，「高收益債基金」必須更名為「非投資等級債券基金」，且最快在 2023 年 5 月，「高收益債基金」名稱將走入歷史。

　　金管會如此謹慎，主要還是因為，各類基金中，高收債居國人最偏愛的首位，整體國人持有金額近兆元，其中，

超過 25％是六十五歲以上民眾購買，希望投資人買進前，都能正視相關的風險。

　　無論如何，投資理財原本就無法保證獲利，該如何在股債之間進行配置，股市多頭時也應思考萬一行情反轉時，要如何因應，相信整體資產就真的有機會「永保安康」了。

CHAPTER 8

【配置篇】

用母子基金理財法
提高勝率

每隔一段時間，勞保即將破產的新聞就會被拿出來冷飯
熱炒，讓上班族人心惶惶，一邊因忙於日常工作，無暇
鑽研投資，一邊又煩惱著自己未來的退休金沒有著落。
如果你也是其中一員，那麼母子基金就是你最好的選擇！

「同時擁有幾個相關性低的收益來源，
要比只有一個來得好；
知道如何把這些收益組合在一起，
要比單獨一個的綜效大。」

——瑞・達利歐（Ray Dalio）

母子基金理財法正夯，
讓你的錢生生不息！

每次演講中途休息，就會有幾位個性比較急的民眾，跑來問我說，「燕俐老師，平常工作真的很忙，沒辦法花時間鑽研妳教的這些方法，有沒有更簡單的招數，既能兼顧資產配置，同時又能放大獲利，讓存退休金變得不必傷腦筋？」

答案是，「有的」，而且早已被證明有效性，就是現在正夯的母子基金理財法！

簡單說，母子基金理財法，就是母基金單筆申購，結合子基金定期定額操作。我們先把母基金想像成一個大水庫，再把子基金想像成一個小池塘，實務執行時，投資人先拿出一筆錢放在母基金的大水庫，再由大水庫中，定期定額扣款買子基金，等子基金賺錢，就能先停利不停扣，讓小池塘的錢匯回到大水庫，由水庫的母基金繼續鎖利滾錢，如此不停

循環、長期投資，就能放大獲利成果。

這種母子基金理財法的設計，非常適合忙碌的現代人，至少有三大好處。第一，兼顧了資產配置，母基金要穩健，才能當大水庫，子基金則要積極，才能常常有所停利，當股災或空頭來時，也才能發揮母基金照顧子基金的精神，表現相對抗跌。

第二，能有效克服人性，達到真正停利。不少投資人看到基金賺錢很開心，卻常常陷入天人交戰：「15％停利會不會太早？還是應該等 25％以上再說？」結果獲利 20％之後市場回檔，又開始懊悔應早點停利，透過子基金的固定停利，將能有效解決這個問題。

目前各大投資機構包括投信、銀行等，都有提供母子基金的承作方案，且多數有 AI 智能的停利機制，也就是下單前先設定停利點，不需時時關注績效，等停利點一到，就立刻嚴格執行，把獲利匯回母基金，達到真正鎖利、落袋為安的功能。（詳見右頁表）

第三，邁向複利人生。如本書前面所說，複利一直存在，有些不相信複利的人，不是買錯了投資標的，就是用錯方法，導致理財成績不佳，甚至越理越窮。而透過母子基金理財法，讓子基金獲利的部分，回流至母基金，只要母基金長期趨勢穩健向上，就能達成複利效果。

各投信母子基金理財法比較

投信公司	群益投信	富蘭克林華美投信	復華投信	安聯投信
專案名稱	群益母子基金	母子基金投資法	金複合投資法	鎖利母子循環
母基金最低申購金額	10 萬元起	15 萬元起	24 萬元起	50 萬元起
子基金最低投入金額	3000 元起	3000 元起	3000 元起	1 萬元起
停利點設定	自行設定	自行設定	自行設定	自行設定
子基金逢低加碼機制	有	有	有	有

資料來源：各投信／整理：盧燕俐／資料日期：2021 年 11 月 30 日

　　特別提醒，運用母子基金理財法時，有幾項重要原則須留意──

1. 母基金波動度不能太大，且最好選擇長期趨勢穩健向上的市場，像是平衡型、債券型，或組合型基金較為適合。
2. 子基金要具備攻擊性，走完一次多空循環的時間不能太慢，最好控制在三年以內，這樣就能增加停利的次數，累積更多財富，美股與台股都具備這樣的條件。

母子基金概念圖

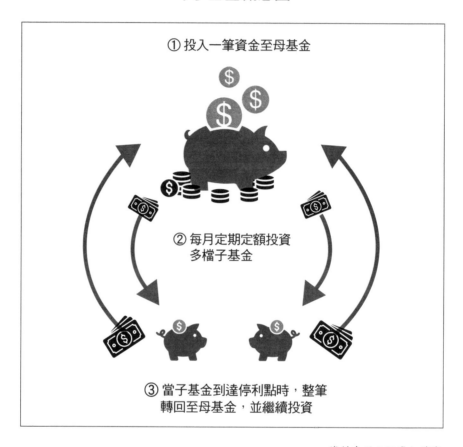

① 投入一筆資金至母基金

② 每月定期定額投資
多檔子基金

③ 當子基金到達停利點時，整筆
轉回至母基金，並繼續投資

資料來源：股感知識庫

3. 子基金停利絕不能停扣，尤其發生股災時，投資人難免心慌意亂，很害怕看到淨值繼續往下掉，但唯有持續扣款，才能賺到長期循環財。

4. 子基金遇低點甚至還應單筆加碼，有些金融機構的母子基金理財法，設計得十分周到，會在子基金陷入虧損

時，也許是負 10％，也許是負 15％，經由系統提醒單筆加碼，民眾若能趁股災時撿便宜，未來更能拉高整體報酬率。

總結來說，母子基金理財法比單純的定期定額，更有投資效能，也兼顧配置概念（詳見下表），但畢竟要先拿出一筆錢來申購母基金，目前各投資機構規定不一，有的門檻數萬元，有的則要 20 萬元以上，對預算不多的小資族，可能稍感壓力，就會建議還是先行定期定額，等累積到一定金額，再來承作母子基金也不遲。

定期定額 PK 母子基金理財法

	定期定額	母子基金
投資方式	每月固定金額	先拿出一筆錢買母基金，再每月轉投資子基金
資產配置	單一類型基金	穩健型母基金，配上積極型子基金

資料來源：盧燕俐

2 不同族群 適合的母基金

　　母子基金理財法要成功，關鍵在於母與子基金都要挑對市場、挑對標的，尤其母基金的角色極為吃重，一旦挑錯，即使擺個三年以上，都有可能虧錢！

　　由於一開始執行時，全部資金會先放在母基金，且通常會預留兩年扣到子基金的錢，因此，在前幾年，母基金的報酬率，就左右了母子基金理財法的勝負成果。

　　母基金到底該怎麼挑選？有人認為越保守越好，盡量挑選沒有波動的公債或貨幣基金，但必須坦言，這些基金雖然安全耐震，但長期的報酬率只略勝定存，如果想要長期多累積一些財富，勢必得選擇波動度介於公債於股票型基金的中間，但同時報酬率又稍好一些的標的。

　　股債平衡型基金會是個好方向！但問題來了，平衡型基金又依投資區域，進一步區分成全球型、區域型與單一

國家型，各式各樣，民眾該如何布局呢？

很多專家會建議，如果不知該怎麼選，母基金就挑全球平衡型吧！但必須認清一個事實，畢竟全球平衡型投資範圍過廣，常會分散投資美國、英國、日本、德國、南韓等世界各國，平衡再平衡的結果，就是年化績效會不夠出色，常常只有3％到4％，除非是非常保守的族群，否則，資金應該還是放在比較有效率的市場。

我向來主張基金理財的標準配備，就是必須擁有美股與台股，在母基金的選擇上，也可延伸運用這個概念，選擇美股或台股平衡型基金，不僅長期績效能遠勝全球平衡型，即使遇到股災，在「牛長熊短」的前提下，只要耐住性子，度過半年或一年的修正，母基金績效就會復活後再創新高，快速回補先前的虧損。

目前可投資的美股與台股平衡型基金不少，但績效落差不小。先來看美國平衡型基金，若統計至2021年11月15日，年績效前十強，獲利約有50％到80％，殿後的兩檔基金，獲利只剩下20％左右。

因為母基金特別著重穩定性，建議去除南非幣計價，優先選擇美元計價，五年績效的資優生，包括：安聯收益成長、駿利亨德森平衡基金，兩檔績效相去不遠，都在六成以上，年化報酬率也都超過13％，衡量波動度的年化標

準差，則是駿利亨德森平衡基金較低，對波動幅度有額外要求的人，可多布局這檔。（詳見表1）

表1 績效突出的美國平衡型基金

基金名稱	三年績效（％）	五年績效（％）	年化標準差（％）	夏普值
安聯收益成長	45.09	63.77	8.96	0.63
駿利亨德森平衡基金	37.79	65.65	5.89	0.84

資料來源：基智網／整理：盧燕俐／統計日期：2021 年 11 月 15 日
說明：這兩檔基金皆有不同計價幣別，本表統計以美元為主

其實，儘管這兩檔績效接近，但資產分布大不同，以安聯收益成長 2021 年 9 月月報來看，美國高收益債占三成，美國可轉債與美股，也各占三成多；對照下，駿利亨德森平衡基金的美股高達六成，高收益債比重不到 5％，政府債加投資級債則超過兩成，如果能接受高收債比重較高、波動度也略高的人，人氣很旺的安聯收益成長，當然是首選。

談完了美國平衡型基金，接著來聊台股平衡型基金。我有個鐵粉，年紀長我近十歲，她的母基金是新興市場債基金，因個性保守，不想承擔太多風險，便鎖定投資等級的全球新興市場債，波動雖更低，五年下來績效也只有一

成多，但她認為，子基金績效好，母基金獲利比定存佳，已能讓她滿意。

去年，孩子上了大學，她幫孩子選的母基金是台股平衡型，子基金則是台股中小型，理由是，「孩子的人生還很長，多遇幾次震盪行情也沒關係，反而有利於資產的累積！」我覺得這位媽媽的觀念很棒，不同年齡、不同風險承受度，在母子基金的選擇上，確實需要不一樣的思考。

這些年，有好多檔台股平衡型基金繳出亮麗的成績單，以五年績效前十強來說，績效都超過100％，比較落後的也有50％到60％。尤其績效前六名，集中在野村與復華投信，堪稱「團體戰」戰果豐厚。（詳見表2）

（表2）績效突出的台灣平衡型基金

基金名稱	三年績效（％）	五年績效（％）	年化標準差（％）	夏普值
野村鴻利	142.27	176.51	14.88	1.23
復華傳家二號	103.80	171.38	17.33	1.22
聯邦金鑽平衡	112.75	166.47	18.95	1.12
野村平衡	131.79	150.16	14.56	1.12
復華神盾	101.52	147.66	18.61	1.03
復華人生目標	80.73	136.34	17.36	1.05

資料來源：鉅亨網／整理：盧燕俐／統計日期：2021 年 11 月 17 日

透過統計可發現，台股平衡型基金年化標準差，比美國平衡型多了些，大約落在 15％到 19％之間，但代表超額利潤的夏普值也更高，顯示這些台股平衡型基金的操盤人，將多數資產都投資個股，債券比重最多只有一成，因而創造出剽悍的績效。

所以，越年輕、風險承受度越高者，越適合以台灣平衡型當母基金，否則，美國平衡型或投資級的新興市場債，會更穩健保守些。進場前，不妨與專業服務人員多討論，看看自己到底適合哪一類型的母基金。

3 不同族群
適合的子基金

設定母基金之後，接下來，就要挑選子基金了。由於子基金扮演衝鋒陷陣的功能，且採定期定額，更可從波動大、長期趨勢向上的市場與標的，來進一步篩選。

有人獨鍾美國股票市場，那麼，美國一般股票型基金與科技型基金，應是優先考量方向，畢竟具創新性、話題性的美國科技公司，總能吸引全球資金，讓股價遙遙領先基本面，率先領漲暴衝，像 2020 年演出大驚奇的特斯拉（Tesla），以及 2021 年「元宇宙」大贏家繪圖晶片廠輝達（Nvidia），皆屬此類。

五年後、十年後，會流行什麼樣的創新產業？又有哪些科技公司會冒出頭？相信沒有人能精準預料，透過參與這些美國股票型基金，擁抱新科技、創造新財富，正是許多小資族的夢想。

目前台灣可銷售的美國股票型基金不少，根據《基智網》統計，三年績效超過 90％以上者，共有五檔（詳見表1），冠軍是摩根美國科技基金（美元計價），三年績效原幣高達192％，五年績效更衝高到362％，即使換算成台幣，三、五年的績效也分別還有 163％與 303％，讓投資人相當滿意。

表 1　績效突出的美國股票型基金

基金名稱	3 年績效（%）	5 年績效（%）	年化標準差（%）	夏普值
摩根美國科技	192.16	362.13	19.33	0.40
摩根士丹利美國增長	178.56	339.94	23.73	0.23
摩根美國企業成長	131.21	237.13	13.15	0.50
摩根士丹利美國優勢	118.13	203.70	19.91	0.18
駿利亨德森美國 40	113.98	198.12	13.53	0.52
瑞銀美國增長	109.56	187.94	14.90	0.50

資料來源：基智網／整理：盧燕俐／統計日期：2021 年 11 月 30 日／計價幣別：美元

要特別提醒讀者的是，三、五年績效名列前茅者，多是重壓科技股，也導致年化標準差略高，大致落在 17％到 24％之間，比起持股重心放在金融或民生消費的基金，標準差只有 10％到 15％之間，確實淨值高低起伏比較大。

不過，既然是子基金，希望一次多頭行情下來，能多停利個幾次，波動越大越有利定期定額，也越能創造超額利潤，投資人在持有的過程中，心態千萬要篤定，不輕易受短期績效的干擾。

除了美國股票型基金，台股基金最適合當子基金，風險承受度高的，可以選台股一般股票型或中小型基金，風險承受度低的，則可搭配美股與台股平衡型基金。當中的眉角還是，依個人資金條件與風險屬性，來進行不同的配置。

至於台股一般股票型、中小型，以及台股美股平衡型基金該怎麼挑選，前面的篇章已分享許多觀念，在此就不多述。倒是實務上，操作子基金時，投資人可能還會遇到幾個問題，提供個人意見如下——

1. 子基金的停利不必太貪心，設個 15％到 20％，寧可多停利個幾次，也不要停利點設太高，像是 30％以上，而發生差一點就達到停利點，卻又遭逢市場回檔，來不及停利，獲利因此回吐的窘境。

2. 子基金的檔數也無須超過三檔，太多檔無法一一照料，還不如集中火力，同時，子基金的扣款金額是從母基金而來，超過三檔以上，母基金的本金要足夠，否則，極有可能不敷扣款，失去了承作母子基金法的意義。

3. 子基金之間也可以互相配置，例如，子基金選兩檔，如果始終在美股或台股基金中掙扎，不知該怎麼選，不如就各配置一檔，以分散風險，而不必全都集中在台股同一個市場。

4. 當子基金表現不佳，每月、每季績效排名都持續往下掉，請不要猶豫，就應該大膽轉換標的，重新配置更理想的基金。

　　整體來說，母子基金的搭配與停利原則，有基本架構可以參考，讀者可以視自身情況略為調整，無須完全仿照別人的配置，只要自己覺得能夠長期持有，並滿足理財需求，就是最好的配置決定！（詳見表 2）

表2 不同風險屬性的母子基金配置

風險屬性	母基金	子基金	建議停利點
保守型	全球債券、美國投資級債、債券組合基金等	美股與台股一般股票型基金	10%左右
穩健型	全球平衡型、短天期新興市場債等	美股與台股一般股票型基金、科技型基金、產業型基金	15%左右
積極型	美股平衡型、台股平衡型、多重資產組合基金等	美股與台股一般股票型基金、科技型與產業型、中小型基金	16～20%左右

資料來源：盧燕俐

**升息潮來了，
我的母子基金要轉換嗎？**

2021 年 11 月底，投資界的大事就是，聯準會主席鮑爾表態，「通膨並非短暫現象」，市場解讀，正為加速縮減 QE（量化寬鬆）與提早升息鋪路，讓不少才剛加入「母子基金理財法」的投資人，心頭震了一下，不確定手上的母子基金標的，是否要跟著轉換。

這個問題，一點都不難解決。先來看上一次美國步入升息循環，全球股市發生了什麼變化。美國是從 2014 年 1 月到 10 月縮減 QE，真正升息是相隔一年，也就是 2015 年底。

可是，股市會領先反應，市場預期全球資金緊縮、美元走強，因此，在升息前半年，也就是 2015 年 5 月，標普 500 指數就從高點 2134 點，下跌至 1810 點，回檔約 15％，台股則是在 4 月底衝高至 10014 點之後，只花四個

月時間，就跌到 7203 點，跌幅多達 28％。

新興市場更慘，股匯雙跌，新興市場指數從高點往下摔，跌幅高達 39％，投資人猛然驚覺，「喔，原來升息的震央在美國，但引起海嘯的地方卻是在新興市場！」主要還是因為新興國家如巴西、土耳其、印尼等，國家債務高，財務體質脆弱，外資一旦快速抽離資金，股市的跌幅與跌速，就相當驚人。

不過，好消息是，伴隨著指數修正之後，聯準會的升息，正意味著景氣真的步入了繁榮復甦的階段，接著，股市再度進入牛市，投資人只要好好把握，都能有出乎意料的報酬（詳見下頁表）。

以 2015 年底這次升息為例，儘管標普 500 指數升息前先跌了 15％，但真正啟動升息後，利空出盡，指數反轉向上，整個升息期間，大漲 20.87％；同樣的，台股先跌近三成，升息循環期間，也上漲了 16.29％。

時間再往回推至 2004 年的升息循環，一共升息了十七碼，標普 500 指數上揚 13.34％，台股也漲了 10.76％，都有不錯的表現。

歷次美國升息循環台美股市表現

起訖時間	起訖利率（%）	升息幅度	標普 500 指數漲幅（%）	台股指數漲幅（%）
1987.2～1989.2	6%升到9.75%	15 碼	5.39	499.83
1994.1～1995.3	3%升到6%	12 碼	7.34	7.06
1999.6～2000.5	4.75%升到6.5%	7 碼	9.12	15.56
2004.6～2006.6	1%升到5.25%	17 碼	13.34	10.76
2015.12～2018.12	0%升到2.5%	9 碼	20.87	16.29

資料來源：FED ／資料整理：盧燕俐／說明：1987 年這次升息循環，台灣經濟剛起飛，且尚未引進外資，台股漲幅與美股無法連動掛勾

　　所以，面對升息循環，投資人不應哭，反而要笑，因為賺錢機會又來了！只是必須做好心理準備，升息前後的區間，股市大幅回落，且新興市場跌幅重於成熟市場，提前做好因應的策略，就能安然度過修正期。

　　具體來說，迎接升息循環，母子基金的操作與配置原則，可以有幾個思考方向 ——

1. 子基金多屬股票型基金，遇拉回不必怕，記得繼續扣款不中斷，而且，跌越多越要加碼，才能賺取長線循環財。尤其台股基金震盪幅度可能遠大於美股基金，投資人更要耐住性子等待獲利。

2. 如果子基金是單一國家基金，像是中國、馬來西亞、巴西等，就必須持續觀察外資匯出動作，若外資賣出超乎市場預期，股市打底時間拖得越久，即使透過定期定額，累積獲利的速度也會放緩，是否該轉換標的，就值得考慮。

3. 通常，我們都不會建議投資人將高收債基金作為母基金，因為高收債基金顧名思義鎖定的是非投資級債券，上下波動較劇烈，甚至有幾檔高收債基金的風險報酬等級是 RR3，並不亞於股票型基金。

4. 如果當時選母基金時，只單單看配息率，就決定非美元計價的高收債基金，而忘了高收債背後可能的違約風險，以及非美元貨幣走貶的機率，那麼，趁這次升息潮，好好重新思考，選擇更穩定、更適合的母基金，才是上上策！

　　最後，再次提醒，母子基金理財法至少需要承作三年，走完一次景氣循懷，才能看到明顯的獲利成果。實務

上，我更鼓勵承作六年以上，走完兩次景氣循環，對整體績效會更有感。

　　或許有人會說，股市的錢比較好賺，但別忘了，「股市的錢往往來的快，去的也快」，除非對個股非常有研究和把握，否則，賺 ETF 和基金的錢，慢慢賺，積水成淵，終能邁進財富目標！

我的財富目標是⋯⋯

國家圖書館出版品預行編目 (CIP) 資料

0050+ 績優基金，躺著賺贏大盤 100%【白金紀念版】：
致勝率最高的布局方式，長短線都能賺，獲利比你想
的多更多！／盧燕俐著. -- 三版. -- 新北市：方舟文化
出版：遠足文化事業股份有限公司發行，2024.05
208 面；17X23 公分. --（致富方舟；6002）
ISBN：978-626-7442-19-7（平裝）
1.CST：股票投資 2.CST：投資技術 3.CST：投資分析

563.53   113004461

方舟文化官方網站   方舟文化讀者回函

致富方舟 6002

0050 ＋ 績優基金，躺著賺贏大盤 100%【白金紀念版】
致勝率最高的布局方式，長短線都能賺，獲利比你想的多更多！

作者 盧燕俐│**封面設計** 張天薪│**內頁設計** 黃馨慧│**主編** 邱昌昊│**副主編** 李芊芊
│**行銷經理** 許文薰│**總編輯** 林淑雯│**出版者** 方舟文化／遠足文化事業股份有限公司
│**發行** 遠足文化事業股份有限公司　231 新北市新店區民權路 108-2 號 9 樓　電話：（02）
2218-1417　傳真：（02）8667-1851　劃撥帳號：19504465　戶名：遠足文化事業股份有限公
司　客服專線：0800-221-029　E-MAIL：service@bookrep.com.tw │**網站** www.bookrep.com.
tw │**印製** 沈氏藝術印刷股份有限公司│**法律顧問** 華洋法律事務所　蘇文生律師│**定價**
380 元│**初版一刷** 《0050 ＋台股基金超額獲利很簡單！》2022 年 03 月│**三版二刷** 2024
年 07 月

致富方舟